Lebensaufgabe
Seelenreifung

Lebensaufgabe Seelenreifung

Vera C. Lux

Aus der Reihe
LEBENSDIMENSIONEN
Band 2

Bibliografische Information der Deutschen Nationalbibliothek:
Die Deutsche Nationalbibliothek verzeichnet diese Publikation in der Deutschen Nationalbibliografie; detaillierte bibliografische Daten sind im Internet über http://dnb.dnb.de abrufbar.

© 2020 Vera C. Lux
Satz, Layout und Umschlaggestaltung: Vera C. Lux
Herstellung und Verlag: BoD - Books on Demand, Norderstedt
ISBN: 978-3-7504-1405-1

Inhaltsverzeichnis

1. ABSCHNITT

2. ABSCHNITT

3. ABSCHNITT

Zum Geleit

Zur Einführung in dieses Werk seien gleich vorweg einige ganz essenzielle Fragen aufgeworfen, die sich eigentlich jeder Erdenmensch einmal stellen sollte: *Warum dreht sich auf dieser Erde so vieles nur mehr um die Materie?* Um die materiellen Existenzbedingungen für unser Erdenleben? Um die Erfüllung unserer materiellen Bedürfnisse und Wünsche? Um unseren Körper, den materiellen? Warum werden wir Erdenmenschen von klein auf hauptsächlich im „Verstandesdenken" des materiellen Körpergehirns erzogen, geschult und trainiert? Begrenzen wir uns mit diesem für die irdischen Belange unseres Erdenlebens zwar notwendigen und zweckmäßigen, aber einseitigen Verstandesdenken nicht auf die irdische Dimension – sofern es nicht gesteuert, gelenkt, ja durchdrungen wird vom „Vernunftdenken" unseres geistigen Bewusstseins? *Und wie steht es auf dieser Erde mit der Entwicklung*, Ausbildung und Anwendung *dieses Vernunftdenkens* zur Erschließung höherer, geistiger Dimensionen?

Wissen wir doch alle – und das wissen wir sogar im Verstandesdenken! –, dass unser Erdenkörper eines Tages seinen Dienst aufgeben muss, wenn ihn infolge Altersschwäche, Krankheit, Unfall oder sonstiger Ereignisse früher oder später der sogenannte Körpertod ereilen wird. Aber nicht nur unser Erdenkörper wird sich dereinst in seine materiellen Bestandteile auflösen, die dann ihrerseits wieder dem Erdenplaneten anheimfallen, sondern allem Irdischen, allem Materiellen ist Endlichkeit, Vergänglichkeit, Zeitlichkeit, Begrenztheit beschieden. Und daraus können so viele Unsicherheiten und Ängste erwachsen …

So lange „irdisch eingestellte" Forscher und Wissenschaftler ganz dem materialistischen Weltbild und seinen Maximen folgend nur mit dem Verstand und nur in der Materie forschen – welche Erkenntnisse sind zu erwarten? Erkenntnisse in der Materie, über die Materie, für die Materie! Erkenntnisse, die eben vorrangig für das „materielle Leben" gelten.

Erst ein von der Vernunft unseres geistigen Bewusstseins getragenes geistwissenschaftliches Forschen lässt den Sinn und Zweck der Materie in einem universellen Licht erscheinen, erschließt den Zugang zu unserer nicht-materiellen Seele, verhilft zur Öffnung der Sinne ins Geistige und lässt zu den ewig gültigen geistig-göttlichen Gesetzen vordringen. Solches Streben ist ewigkeitsorientiert und dient der Entwicklung und Reifung unserer unsterblichen Seele. Warum aber wird auf diesem Gebiet so wenig geforscht, wenn damit doch wahre geistige Erfolge für die Ewigkeit erzielt werden könn(t)en?

Gibt es in unserer modernen, so aufgeklärten, ungeniert freizügigen, hemmungs- und schrankenlosen *Zeit etwa doch noch Tabu-Themen?* Existiert eine „unerklärliche" Scheu vor der Frage nach einem persönlichen geistseelischen Fortleben nach dem Körpertod? Vor der Einbeziehung von Geschehnissen aus Vorexistenzen als mögliche Ursachen für bisher unergründlich gebliebene aktuelle Probleme und Schwierigkeiten? Vor dem Erkennen-Wollen und Eingestehen-Wollen selbstverschuldeter Verfehlungen in diesem oder einem früheren Erdenleben? Und vor dem Übernehmen-Sollen der eigenen Verantwortung dafür? Warum fehlt der Mut zur Demut, warum die Bereitschaft zu so einem Eingeständnis?

Warum lässt sich dieses essenzielle und fundamentale Wissen von unserem ewigen Leben – und den damit untrennbar verbundenen Folgewirkungen auf unser Erdenleben und für unser Erdenleben – *denn so schwer vermitteln und stößt auf so großen Widerstand?*[1]

---

[1] vgl.: Lux, Vera C.: „Ich lebe ewig! Und du?" aus der Reihe „Lebensdimensionen", Band 1, mit diesbezüglichen grundlegenden geistwissenschaftlichen Aufklärungen und Erläuterungen, die auch eine wesentliche Voraussetzung bzw. Erleichterung für das Verständnis von Band 2 darstellen.

Könnte es etwa an intelligenten Wesenheiten liegen, die Interesse daran haben, dieses geistige Wissen zu unterdrücken? Uns Erdenmenschen im reinen Verstandesdenken des Körpergehirns gefangen zu halten und uns den Zugriff auf das Vernunftdenken des geistigen Bewusstseins zu verwehren? Wer sind denn diese Intelligenzen, Spezialisten, die da tarnen und täuschen, blenden und bluffen, abhalten, blockieren, beeinflussen, versuchen und verführen? Denen und deren Suggestionen leider so viele Erdenmenschen erliegen, Gehör schenken, auf den Leim gehen und zum Opfer fallen, wieder und wieder, Tag für Tag, Jahr für Jahr, Erdenleben für Erdenleben … Wenn du, lieber Leser, mehr darüber wissen möchtest, lies bitte einfach weiter!

Wäre es nicht höchst an der Zeit, jeder für sich seine ganz persönliche Sichtweise zu dieser Thematik einmal von Grund auf zu hinterfragen und Mut zu fassen, die Betrachtungsperspektive zu ändern, nämlich zu heben, in die geistige Dimension hinein? Gibt es doch Erdenmenschen, die bereits in ihrem Erdenleben eine innere Freude und Zufriedenheit, eine geistseelische Hochstimmung, Geborgenheit, Vertrautheit, ja Glückseligkeit erleben, weil sie sich darauf eingelassen haben, höhergeschwungen, hinaufgeschwungen, hineingeschwungen haben in die geistig-ewige Dimension ihres und unser aller Seins, jenseits jeglicher materiellen Körperlichkeit! Weil sie ganz einfach dem inneren Sehnen ihrer Geistseele gefolgt sind, diesem Sehnen nach Licht und Freiheit!

Hast vielleicht auch du, lieber Leser, in einer stillen Stunde nicht das eine oder andere Mal selbst schon so ein zartes Säuseln in deinem Inneren, in deinem Seelengrund vernommen – „Ich bin doch mehr, als ich scheine!" … –, es aber noch nicht hören wollen …, und es wieder in die Tiefen deiner Seele zurückgedrängt …, und dabei doch ein gewisses Unbehagen verspürt …, und nach einiger Zeit ein neuerliches Aufkeimen der aufsteigenden Seelenimpulse registriert …, und dich wieder von

Ablenkungsmanövern des äußeren Materielebens betören lassen …, und bist jetzt endlich bereit, nach geistigen Antworten zu suchen? Sei es aufgerüttelt durch eine Krankheit oder einen Schicksalsschlag, sei es durch das Einfach-nicht-mehr-darüber-hinweg-täuschen-Können, dass dein Erdenkörper „im Sauseschritt" unaufhaltsam seinem irdischen Ablaufdatum entgegeneilt?

Ist dein Interesse nun geweckt? Deine Bereitschaft dazu vorhanden, den Schwerpunkt deiner Aufmerksamkeit weg von Kräfteeinsätzen in rein Irdisches, Materielles, Körperliches – hin zu ewigkeitsorientierter Arbeit an deiner unsterblichen Seele zu richten? *Willst du die Erfüllung deiner „Lebensaufgabe Seelenreifung" nun wirklich anpacken* und dir damit unvergängliche Werte erwerben für eine ewige Glückseligkeit im lichten Jenseits? Dann wirst du auf den folgenden Seiten viele Anregungen dazu finden, Ratschläge und Hilfestellungen erhalten – und staunen …!

Geistwissenschaftliche Vorbemerkungen

Zur Klarstellung

Die folgenden Ausführungen richten sich nicht gegen irgendeine Institution, Organisation, Interessensgemeinschaft oder Vereinigung, auch nicht gegen politische, wirtschaftliche, wissenschaftliche, weltanschauliche, gesellschaftliche oder konfessionelle Richtungen. Keinem Weltbild, keiner Geisteshaltung, Denkweise oder Lebensauffassung sei der Kampf angesagt, noch darüber geurteilt. Nein! Der Beweggrund zur Verfassung dieses geistwissenschaftlichen Kompendiums ist einzig die Liebe zu allen Mitmenschen, das innigliche Bedürfnis, geistig Unwissenden, Suchenden, aber auch seelisch und/oder körperlich Leidenden zu helfen. Als liebevolles Angebot möge es zu verstehen sein, als Anregung, ja Einladung, neues Wissen in Erfahrung zu bringen, und damit die Möglichkeit eröffnen, den eigenen Bewusstseinshorizont zu erweitern, Ein- und Beschränkungen alter Mauern zu überwinden, um so manche Probleme und Schwierigkeiten im Erdenleben, verschiedenste Zustände und Verhältnisse auf diesem Erdenplaneten und nicht zuletzt auch das eine oder andere ganz persönliche Leid(en) aus einer anderen Perspektive betrachten zu können, und zwar aus einer höheren, einer geistigen Dimension. Es soll also zur Bewusstseinserweiterung und Erkenntnisbereicherung jedes Menschen beitragen, der eines guten Willens ist.

Es ist doch kein Geheimnis, dass viele Menschen im Verstehen-Können und Bewältigen-Können verschiedenster leidvoller Lebenssituationen mit dem alleinigen irdischen Verstandesdenken an Grenzen gestoßen sind und sich auch vonseiten der auf Erden dafür üblicherweise zuständigen Ansprechpartner, Experten und Instanzen unverstanden oder gar im Stich gelassen fühlen, weil sie keine sie in ihrem Innersten befriedigende Antwort, Erklärung bzw. Hilfestellung erhalten haben.

Eine Einladung

Bei entsprechendem Interesse deinerseits, Unvoreingenommenheit und vorhandener Bereitschaft, dich über bisherige Denkgewohnheiten hinaufzuschwingen und einzulassen auf geistiggöttliche Gesetzmäßigkeiten – könntest du, lieber Leser, jetzt fündig werden: Die deinem Leiden zugrunde liegenden wahren Ursachen könnten aus der Dunkelheit des Nichtwissens nach und nach in dein Bewusstsein gehoben werden, ebenso damit in Zusammenhang stehende Wechselwirkungen zwischen verschiedenen Dimensionen, es könnten aber auch Impulse erhalten werden für neue, hilfreiche, gottgewollte Lösungsansätze und die dafür anstehenden und von dir selbst umzusetzenden Maßnahmen.

Nun, wie soll das alles geschehen? Nur Mut! Schritt für Schritt wollen wir uns gemeinsam diesen Weg in die höheren Dimensionen erarbeiten …

- indem wir den Ist-Zustand dieser Erde bzw. des persönlichen Erdenlebens betrachten; uns mit den dabei festgestellten Problemen und Schwierigkeiten auseinandersetzen; rein irdisch-verstandesmäßige Lösungsansätze überdenken im Hinblick auf daraus resultierende Folgewirkungen; mögliche Erklärungsnotstände, Unlösbarkeiten und Ausweglosigkeiten im rein irdischen Verstandesdenken beleuchten;

- indem du geistiges Wissen von der Existenz höherer Lebensdimensionen vermittelt bekommst und Erläuterungen zu den dort wirkenden geistig-göttlichen Gesetzen; somit die geistigen Ursachen irdischer Bedrängnisse und Nöte (er)kennen lernst und Hilfestellungen zum Anwenden gottgewollter Bewältigungsstrategien erhältst – unter Achtung deines bedingt freien Willens betreffend das Annehmen, Nicht-annehmen-Können oder Nicht-annehmen-Wollen solcher geistigen Aufklärungen und Ratschläge;

- indem du herzlich eingeladen bist, auf diesem geistigen Erkenntnis- und Aufstiegsweg freiwillig mitzugehen, und dabei von vielen geistigen Freunden und Helfern geleitet, begleitet und in bisher wohl unvorstellbarer Weise unterstützt wirst.

Niederere und höhere Lebensdimensionen

In dem auf dieser Erde immer ausgeprägter (vor)herrschenden mechanistisch-materialistischen Weltbild wird die sogenannte Wirklichkeit als Erscheinungsform oder Auswirkung der Materie aufgefasst. Das Körperliche und „alles darüber möglicherweise Hinausgehende" (also das Seelisch-Geistige!) wird auf komplexe physikalisch-chemische Vorgänge zurückgeführt. Logischerweise forschen Wissenschaftler mit so einer Gesinnung nur in der Materie. Sie erhalten zwar immer zahlreichere, immer vielfältigere, immer detailliertere Forschungsergebnisse (mitunter allerdings auch mehrdeutige, widersprüchliche und unerklärliche!), diese bleiben aber letztlich immer beschränkt auf eine Abbildbarkeit, Nachweisbarkeit, Definierbarkeit, Messbarkeit und Reproduzierbarkeit in diesem selbstbegrenzenden Weltbild, der Dimension der Materie. Nur wer die Bereitschaft hat, im Sinne einer Offenheit für dimensionsüberschreitende Gedankengänge zu hinterfragen, was hinter oder über der Materie stehen könnte, wird von einem rein quantitativen Verstandeswissenszuwachs zu einer qualitativ bewusstseinserweiternden Erkenntnis geistig-göttlicher Gesetzmäßigkeiten vorstoßen können. In der höheren (geistigen) Dimension eröffnen sich nämlich Einblicke und Einsichten in Ursachen, (Wechsel)Wirkungen, Zusammenhänge, Lösungsansätze usw. für Schwierigkeiten und Probleme in der niedereren (materiellen) Dimension, welche dort nicht verstehbar, nicht erklärbar und auch nicht beweisbar (!) sind. Dann erst besteht die Möglichkeit, dass Licht ins Dunkel kommen kann!

Die (Un)Kenntnis geistiger Gesetzmäßigkeiten

Geistig-göttliche Gesetze wirken, ob wir darüber Bescheid wissen oder nicht! Sie wirken auch dann, wenn sie in einer niederen Dimension mit den dort anerkannten verfügbaren Methoden nicht beweisbar sind, nicht akzeptiert werden wollen, verleugnet oder abgestritten werden. Und jeder Einzelne ist selbst verantwortlich für die gesetzmäßigen Folgewirkungen, seien es positive oder negative, je nach den Ursachen, die er gesetzt hat, setzt oder setzen wird. Leid, Lebensschwierigkeiten, Bedrängnisse usw., mit denen er jetzt möglicherweise konfrontiert ist, werden jedoch meist gar nicht als negative Folgewirkungen von selbst gesetzten negativen Ursachen erkannt. Mag er diese Ursachen in diesem Erdenleben gesetzt haben oder schon früher – er selbst ist dafür verantwortlich und niemand anderer! Und er ist so lange dafür verantwortlich und daran gebunden, bis er die Ursachen bereinigt, wiedergutgemacht hat, bis die geistig-göttliche Ordnung wiederhergestellt ist. Wenn die Ursache gelöscht ist, hört die Wirkung auf!

Die auf dieser Erde weit besser bekannten und vor allem erdenwissenschaftlich anerkannten Naturgesetze gelten und wirken doch auch unabhängig davon, ob der Einzelne sie nun kennt oder nicht. Auch ihren Wirkungen sind wir unterworfen, ob wir diese Naturgesetze nun kennen oder nicht.

Dazu ein Beispiel: Wenn ein Mensch auf einem schmalen Berggrat das Gleichgewicht verliert, wird er von der Schwerkraft erfasst und in die Tiefe stürzen, denn auf der Erde bewirkt die Gravitationskraft, dass alle Körper nach „unten", d. h. in Richtung Erdmittelpunkt fallen, sofern sie nicht durch andere Kräfte daran gehindert werden. Und dabei wird dieser Mensch vermutlich sein Erdenleben beenden.

(K)ein Wunder?!

Wie kann es aber dann zum Beispiel sein, dass ein Kleinkind aus einem Fenster im 4. Stockwerk stürzt, auf hartem Boden aufschlägt und trotzdem körperlich ziemlich oder völlig unbeschadet bleibt? *Ein Zufall?* Eine Außerkraftsetzung physikalischer Naturgesetze? *Ein Wunder?*

Geistig-göttliche Gesetze sind unabänderlich, sie bedürfen keiner Ausnahme, keines Zufalls, keines Wunders! Nur der unwissende Erdenmensch kleidet das für ihn Unerklärliche in das Wort „Wunder", wenn er eben geistige Gesetze noch nicht kennt. So lange nur Kraft und Stoff Geltung haben, nur in der materiellen Dimension gedacht, geforscht wird, geistige Gesetze im Dunkel liegen oder im Denkprozess ausgeklammert werden und der Schöpfer allen Seins geleugnet wird, kann die wahre Ursache solcher Vorfälle gar nicht erkannt, nicht erfasst werden. Das Wort Wunder ist eben so ein Ausdruck, mit dem die Unkenntnis geistig-göttlicher Gesetze und deren Wirkungen „kaschiert" wird. Und die Menschen sind glücklich, „dass (fast) nichts passiert ist ...", denken aber meist nicht weiter nach über das Warum ..., sondern gehen gleich wieder zur anerzogenen gewohnheitsmäßigen Verstandes-Alltags-Tagesordnung über …, eingelullt im Dunstkreis des materialistischen Denkens.

Um das hinter dem Wort „Wunder" Stehende leichter verstehen zu können, möge in diesem Zusammenhang auch die Erinnerung an altbekannte Bilddarstellungen wachgerufen werden, wo Kinder beim Überqueren eines reißenden Gebirgsbaches auf einem schmalen Holzsteg von ihren Schutzengeln begleitet und behütet werden … Schutzengel kennen und beachten ja freiwillig die göttlichen Gesetze. Sie sind in unseren Inkarnationsplan eingeweiht und wissen, wann, wo und wie sie uns jederzeit im Willen Gottes helfen können. Manches dürfen sie verhindern oder abschwächen, anderes hingegen müssen sie doch zulassen, stets unter Wahrung des bedingt freien Willens ihrer Schützlinge. Ihr Wirken ist also kein Wunder, sondern Helfen in den geistig-göttlichen Gesetzen, Helfen in und aus Liebe!

Es soll – wie schon gesagt – weder das (vor)herrschende Weltbild einer negativen Beurteilung unterzogen, noch Kritik geübt werden an der Dimension des Bestehenden und Bekannten, aber es soll aufgezeigt werden, warum es so wichtig wäre, die materialistisch geprägte Lebensdimension mit dem Wissen um höhere Gesetzmäßigkeiten zu ergänzen, zu bereichern. Denn nur das Wissen um die geistigen Wahrheiten, nach denen jeder Erdenmensch zumindest unbewusst sucht, und vor allem deren Beherzigung (!) kann letztendlich geistig frei machen aus unseren oft recht leidvollen Ursachenverkettungen und in weiterer Folge aus dem sogenannten Rad der Wiedergeburt.

Ist-Zustand und Soll-Zustand

Was ist unser Ist-Zustand? – Als Erdenmenschen auf diesem geistig so tiefschwingenden Sühneplaneten Erde leben! Dieser Ist-Zustand ist die bedauerliche Folge unseres freiwilligen

Abfalls von Gott; damals, aus unserer geistigen Heimat, als wir noch reine Geistwesen waren; damals, als wir dem großen Verführer in die vermeintlich unbegrenzte Freiheit ohne Verantwortung folgten – wo es keinerlei Be- und Einschränkung durch göttliche Gesetze geben sollte –, ihm, dem großen Blender und Täuscher, der uns die schwerwiegenden Folgewirkungen unseres Abfalls von Gott verheimlicht hat.

Unser allliebender Schöpfer, der die pure Liebe ist, er hat jedoch keine Geheimnisse vor seinen Geschöpfen! Er schenkte uns ja die Vernunft, um die von ihm gegebenen Gesetze erkennen zu können; er schenkte uns die Liebe, um in diesen Gesetzen Gott ähnlich liebend zu wirken; er schenkte uns aber auch den freien Willen, diese Gesetze freiwillig zu befolgen – leider haben wir es nicht getan! Mit in unser geistiges Leben gab er uns die Bestimmung, uns vom rein erschaffenen Geistwesen zum vollkommenen Kind Gottes zu entwickeln. *Und das ist unser Soll-Zustand!*

Über all das wussten wir Bescheid in unserer geistigen Heimat, da wir aufgeklärt wurden von vielen Gott und Christus treu gebliebenen Geistwesen, aber auch gewarnt vor den geistigen Folgen einer Übertretung der göttlichen Ordnung, der göttlichen Gesetze. Allein wir selbst schenkten den verführerischen Vorgaukelungen von Satan und seinen Anhängern mehr Glauben, setzten unseren freien Willen dementsprechend nicht gottgewollt ein und gingen in die Gottferne. Und die gesetzmäßigen Folgewirkungen unseres freiwilligen Tuns – entsprechend den selbstverständlich auch für uns abgefallene Geschöpfe gültigen Liebesgesetzen Gottes! – sind unser derzeitiger leidvoller Ist-Zustand: Erdenmenschen auf diesem Erdenplaneten! Ursache und Wirkung, Saat und Ernte!

Wie jeder Buchhalter Soll und Haben gegenüberstellt, so soll(t)en auch wir uns die Frage stellen nach der „Differenz" zwischen dem persönlichen Ist-Zustand als abgefallenes, belastetes, derzeit in einem grobstofflichen Erdenkörper inkarniertes Geistwesen und dem Soll-Zustand als sich vervollkommnendes Kind Gottes – und werden uns hoffentlich unseres anstehenden geistseelischen Handlungsbedarfes bewusst: Wir sollen unsere Verfehlungen, Belastungen und Bindungen freiwillig durch Arbeit an uns selbst abtragen und wiedergutmachen. Nur so können wir Schritt für Schritt in unsere ursprüngliche geistige Heimat zurückkehren und unsere weitere geistseelische Entwicklung zu unserer ganz persönlichen geistseelischen Vervollkommnung gestalten.

Und dazu (ver)helfen uns die Liebesgesetze des Schöpfers, denn Gott ist ein Gott der Liebe! Seine Gesetze zwingen nicht, sie (ge)leiten in Liebe. Gott liebt alle seine Kinder gleich und will alle seine Kinder auf schnellstem Wege wieder bei sich haben! Alle! Deshalb soll jedes Kind Gottes, egal auf welcher geistigen Entwicklungsstufe, die Möglichkeit haben, über das Erfahren und freiwillige Befolgen dieser Liebesgesetze seinem himmlischen Vater immer näherzukommen und schlussendlich ihm ähnlich vollkommen zu werden.

(Keine) Geheimnisse

In der Allweisheit unseres Schöpfers ist dementsprechend zu allen Zeiten dafür gesorgt, dass seine Kinder geistige Wahrheiten und Hilfen erhalten können, wenn sie danach suchen und darum bitten. Auch für uns Erdenmenschen auf diesem tiefschwingenden Sühneplaneten gibt es die Möglichkeit zum Erfahren und Erfassen seiner Gesetze – soweit es eben entsprechend unserer geistseelisch noch recht schwachen Entwicklung zweckmäßig und dienlich ist. Und wie geschieht das? – Mittels Offenbarungen geistiger Wahrheiten durch Boten Gottes über Gott und

Christus treu und gehorsam dienende Propheten, Mittler oder Medien.

Und wer will genau das verhindern? Diese Offenbarungen von geistigen Wahrheiten für uns Erdenmenschen auf dieser Erde? Zu unserer Aufklärung über die Gesetze Gottes und deren Wirkungen? Über den gottgewollten Einsatz unseres jetzt nur mehr bedingt freien Willens zu unserer damit möglichen geistseelischen Höherentwicklung, Seelenreifung und geistig möglichst erfolgreichen Erfüllung unseres Inkarnationsplanes? Und in weiterer Folge zu unserer Selbstbefreiung aus dem Herrschaftsbereich des Widersachers und unserem schrittweisen Rückweg in unsere geistige Heimat? *Wer bekämpft und unterdrückt die Offenbarungen und die Verbreitung geistiger Wahrheiten unter uns Erdenmenschen?* – Es sind wieder jene negativen Wesenheiten, die uns einst die Folgen unseres Abfalls verheimlicht haben. Auch jetzt auf dieser Erde wollen sie uns die Folgen unseres nicht gottgewollten Tuns nicht erkennen lassen, indem sie uns die Wahrheiten über Ursache, Sinn und Zweck unseres Erdenlebens vorenthalten und stattdessen mit vielerlei Irrlehren uns noch weiter in die Gottferne verführen wollen! Dabei agieren jene raffinierten negativen Wesenheiten mit Lug und Trug, Tarnung und Täuschung, Verleugnung und Verheimlichung und bedienen sich willfähriger Erdenmenschen als Helfershelfer, Handlanger und Sprachrohre.

Eigenverantwortung

Zur Betrachtung des Ist-Zustandes unter dem Aspekt des zu erreichenden Soll-Zustandes ist es logischerweise sinnvoll und notwendig, Verschiedenes vom Ist-Zustand auf dieser Erde ungeschönt aufzuzeigen und aus einer höheren, geistigen Dimension heraus zu beleuchten. Wer sich dadurch womöglich angegriffen, angeklagt, bloßgestellt oder beschuldigt fühlt und sich dagegen sträubt und wehrt, möge bitte ganz für sich alleine prüfen, ob wirklich er selbst es ist, der von alledem nichts wissen will, oder ob er nicht Opfer einer Suggestion geworden ist. Einer Suggestion von wem? Von jenen negativen Wesenheiten, die geistige Aufklärungen auf dieser Erde vehement verhindern wollen, denen jegliche Verinnerlichung, jegliche Vergeistigung, jegliche geistige Entwicklung von Erdenmenschen ein Gräuel ist! Von jenen ganz raffinierten negativen Spezialisten, Drahtziehern und Hintermännern, Influencern und Suggestoren im Auftrag des Herrn der Tiefe!

Jeder einzelne Erdenmensch entscheidet sich mit seinem bedingt freien Willen in jedem Augenblick seines Erdenlebens mit seinem Denken, Fühlen, Wollen, Reden, Wirken und Tun für das Gottgewollte oder das Nicht-Gottgewollte, für Gott oder gegen Gott, für Christus oder gegen Christus, für die Reifung seiner Seele oder zu deren Belastung, für seinen geistigen Aufstieg oder dagegen. Vergessen wir aber eines nicht: Gott zwingt nicht, Gott liebt! Alle seine Kinder! Und er bietet uns seine Liebe immer wieder an. Immer wieder. Und so wird allen gefallenen Geschöpfen einmal freiwillig ihr Rückweg in ihre geistige Heimat und ihre Vollkommenheitswerdung gelingen! Wir selbst sind es, die darüber entscheiden, wie lange wir noch in der Gottferne leiden wollen, seelisch und körperlich. Es liegt nur an uns! *Bedürfen wir Erdenmenschen deshalb nicht endlich, endlich eines Aufgerüttelt-Werdens aus unserer geistigen Lethargie?*

1. ABSCHNITT

Ein Blick auf die Erdenweltbühne

Die Rolle des Erdenkörpers
beim gesunden Menschen

Größe, Gewicht und Kopfumfang zum Zeitpunkt der Geburt sind die ersten naturwissenschaftlich exakt bestimmbaren Messdaten, die bei jedem Neugeborenen erhoben werden können und es klar und eindeutig mit allen anderen frisch angekommenen Erdenbürgern vergleichen lassen. Dazu drei standardisierte Beurteilungen seiner Atmung und Herzfrequenz, von Muskeltonus, Hautfarbe und Reflexen innerhalb der ersten zehn Lebensminuten auf dieser Erde, wonach der Neuankömmling dann eine bestimmte Punkteanzahl für seinen allgemeinen Körpergesundheitszustand zugeteilt erhält – bewertet und gewertet als eine Art mehr oder weniger „günstiges" Startkapital in ein damit mehr oder weniger „begünstigtes" Erdenleben. Die Erfassung und Registrierung seiner allerersten im mechanistisch-materialistischen Welt- und Wertesystem maßgeblichen Körperdaten ist somit erfolgreich erledigt.

Fragen wir uns einmal: Sind es nur die optimalen Körpermessdaten des Säuglings, die der jungen Mutter so ein inniges Glücksgefühl vermitteln, wenn sie ihr ganz besonderes, einmaliges und einzigartiges Kind das erste Mal liebevoll an sich nimmt, oder ist es nicht vielmehr das Verspüren seiner dankbaren Seelenregung über den geglückten Start in dieses ihm ermöglichte Erdenleben zum Anpacken und Bewältigen seiner sich selbst vorgenommenen Lebensaufgaben, unterstützt von Mutter und Vater, die es sich dafür ja selbst ausgewählt hat? *Spiegelt sich nicht in seinem ersten Lächeln dieses „Danke!" wider*, begleitet von einem inständigen „Und bitte helft mir auch weiter!"?

Zahlen, Daten, Fakten

Regelmäßige Untersuchungen zur Erhebung und Kontrolle relevanter Daten über seinen Gesundheits- und Entwicklungszustand begleiten den Säugling über das Kleinkind- bis hinein in das Vorschulalter, wo dann bereits eine ganz beachtliche Anzahl solcher Mess-Parameter in diversen Tabellen, Listen, Diagrammen, Kurven usw. vorliegt. Geht es zunächst nur um die passive Beobachtung und Dokumentation verschiedener sich quasi „von selbst" (?) vollziehender, nicht durch eigenes Zutun beeinflussbarer Körpervorgänge wie Längenwachstum, Gewichtszunahme, Durchbruch der ersten Zähne usw., so sind der Zeitpunkt der ersten Schritte, der ersten Worte sowie des Sauberwerdens ihres Sprösslings ganz wichtige Stichtage eher „leistungsorientierter" Eltern. In dieser Lebensphase richtet sich also das Augenmerk zunehmend auf förderungsfähige und trainierbare Fähigkeiten ganz allgemein und speziell auch des Verstandesdenkens. Können vor dem Schuleintritt bereits einfachere Wörter geschrieben oder ganze Sätze gelesen werden? Kann nur bis 10 gezählt werden oder schon über 100?

Förderungsmaßnahmen

Stehen zur Förderung des heranwachsenden Kindes z. B. musikalische Früherziehung, Einzelinstrument-Unterricht, Fußball, Tennis, Karate, Leistungsturnen, Reiten, Jazzdance, Ballett auf dem Programm? *Und aus welcher Motivation heraus?* Einfach aus Freude am Singen und Musizieren – mit harmoniefördernden, ja heilsamen Wirkungen auf die kindliche Seele? In Erfüllung des Herzenswunsches eines musisch veranlagten Kindes nach Ausbildung seiner musikalischen Begabung? Zum zielorientierten Lenken und Stillen eines natürlichen Bewegungsdranges oder zum Erlernen von kameradschaftlichem und fairem Verhalten in der Gruppe? Als Anreiz für die Nicht-Bewegungsnaturelle unter den Kindern, über sportliche Aktivitäten eine regelmäßige körperliche Betätigung zu gewährleisten? – Aber so vieles auf einmal? Jeden Nachmittag ein anderes „Programm"? Oder sogar mehr als einen Termin? Könnte die Rechtfertigung für den eigentlich dahinterstehenden Beweggrund unter Umständen auch so lauten: „... weil das heutzutage eben dazugehört", „... weil das die anderen Kinder auch so machen (müssen)", „... weil das Kind sonst geoutet wird"? Oder so ähnlich.

Wird das Kind von geistig verantwortungsvollen Eltern aber auch dahingehend gefördert, dass man ihm hilft, die oft schon im zarten Kindesalter zutage tretenden Charakterschwächen, persönlichen Eigenheiten, Verhaltensauffälligkeiten und ungünstigen Gewohnheiten an sich zu erkennen – wie z. B. Egoismus, Eifersucht, Neid, Geiz, krankhaften Ehrgeiz, Ungeduld, Jähzorn, Überempfindlichkeit, Rücksichtslosigkeit, Bequemlichkeit, Faulheit, einen Hang zum Lügen oder Stehlen u. v. a. m. – und auszumerzen, Untugenden in Tugenden zu wandeln und somit von klein auf an seiner Seelenreifung zu arbeiten? Wie stünde es um so manche „Einserkinder" in der Schule, wenn neben den Leistungen in den „Verstandesunterrichtsfächern" auch seelische Qualitäten – wie z. B. Hilfsbereitschaft, Bescheidenheit, Friedfertigkeit, Rücksichtnahme, Nachsicht, Aufrichtigkeit, Ehrlichkeit, Dankbarkeit, Versöhnlichkeit, Gehorsam, Herzenswärme u. v. a. m. – benotet würden?

Wo bleiben die Fragen nach dem bereits im Jenseits vorgenommenen *Erdenlebensplan des jungen Erdenbürgers und das Kümmern um die Entwicklung und Reifung seiner Seele?* Was geschieht mit Kindern, die in den diversen irdisch relevanten Punktesystemen keine hohen Werte erreichen können? Die körperlich beeinträchtigt, behindert, krank oder im Verstandesdenken minderbegabt sind? Worauf zielen die diversen Therapieregime zu deren Förderung ab? Nur auf die (Wieder)Herstellung der bestmöglich erreichbaren körperlichen und verstandesmäßigen Leistungsfähigkeit? Oder wird ihnen auch beim Annehmen ihres selbst gewählten Erdenlebensschicksals und beim Erledigen ihrer ganz persönlichen geistseelischen Entwicklungsarbeit geholfen?

Spüren wir die Herzenswärme und Herzlichkeit, die Fröhlichkeit und Lebensfreude, die Sorglosigkeit und Zuversicht, die Dankbarkeit und Zufriedenheit, die solche Kinder ausstrahlen und uns damit in unserem Innersten berühren wollen, wenn sie uns aus ihrer tiefsten Ehrlichkeit heraus vielleicht sagen: „Ich hab dich so lieb!"? Wie weit ist ihre Seele auf diesem Gebiet bereits (vor)gereift? Und welche anderen Seelenreifungsarbeiten stehen eben in dieser Inkarnation für sie an? Und welche stehen für uns an?

Körperidentifikation

Ein Blick in die zeitgeistig dominierte Welt der Erwachsenen lässt unschwer erkennen, dass der menschliche Körper in Bezug auf seinen ohnehin schon recht hohen Stellenwert seit dem Kindes- und Jugendalter nicht nur nichts eingebüßt, sondern an Bedeutung sogar noch dazugewonnen hat, ja förmlich zum „Ich-Identifikationsfaktor Nummer eins" hochstilisiert worden ist, sozusagen zu einer Art Statussymbol, Kultobjekt, bei allzu vielen Menschen zur maßgebenden bzw. einzigen Ausdrucksmöglichkeit der eigenen Persönlichkeit. Wer sich im Verstandesdenken des mechanistisch-materialistischen Weltbildes ganz mit dem Körper identifiziert – (Zwischenfrage: *Wer ist dann eigentlich dieses „Ich", das sich selbst für den Körper hält und sich mit dem Körper identifiziert, und dem bzw. zu dem dann dieser Körper vermutlich auch gehört?*) –, wird selbstverständlich alles daransetzen, diesen materiellen Körper dem Zeitgeist gemäß zu hegen und zu pflegen, zu stählen und zu stylen, ihn so funktionstüchtig, leistungsstark, ästhetisch usw. wie nur möglich zu gestalten, und all das so intensiv wie nur möglich. Je mehr man sich mit dem Körper, also mit dem Äußeren, identifiziert, umso mehr Bedeutung wird man diesem Äußeren auch zumessen und seine Aufmerksamkeit auf alles Äußere lenken. *Wer denkt dann noch daran* – gefangen im Spinnennetz des materialistischen Weltbildes –, *sich zu verinnerlichen*, in sich zu gehen, seine Seele zu erforschen, Schwächen zu erkennen und an deren Bereinigung zu arbeiten? Wie könnte so ein Mensch auf den Gedanken kommen, sich um die sich vor diesem Erdenleben doch selbst vorgenommene Reifung und Entwicklung seiner Seele zu kümmern?

Körperkult

So werden intensive Fitness-, Ausdauer- und Kraft-Trainings bis zur beinahe völligen Erschöpfung absolviert, jede Menge Nährstoffkonzentrate und manch anderes mehr zugeführt, dem Körper Höchstleistungen abverlangt – (Zwischenfrage: *Wer ist es eigentlich, der dies seinem Körper abverlangt?* Bin ich es, der das will, oder will das jemand anderer? Bin ich gar einer Suggestion erlegen?) – nach dem Motto: mehr, mehr, mehr, öfter, schneller, höher, weiter, länger usw.; in Bodybuilding-Programmen werden Muskeln aufgebaut bis zur Modellierung von regelrechten Skulpturen, an denen jeder Anatomiestudent seine helle Freude hätte. Fragen wir uns weiter: Wird dabei Freude an der Bewegung, am Sport empfunden oder dominieren Druck, Zwang, Gewalt und Qual? Und wenn doch „Freude", dann vielleicht vorrangig über die Motivation: besser sein wollen als der andere, Erster sein wollen und nicht Zweiter? Sollte uns dieses

Motto nicht recht deutlich an die luziferischen Bestrebungen und Strategien erinnern, die letztlich zum Abfall von so vielen Geistwesen geführt haben?

Schönheitswahn

Die körperlichen Schönheitsideale änderten sich bekanntlich im Laufe der Menschheitsgeschichte immer wieder. Denken wir z. B. an die üppigen weiblichen Rundungen früherer Zeitepochen im Gegensatz zu den heruntergehungerten, abgemagerten Silhouetten zeitgenössischer Models, oder an die einst noble Blässe im Vergleich zur später heißersehnten sonnen- bzw. solariumgebräunten Haut! Und sie ändern sich weiter und damit auch die Bestrebungen, sie zu erreichen oder ihnen zumindest nahe zu kommen. Auch in verschiedenen Kulturen herrschen oft recht unterschiedliche Auffassungen in Bezug auf ein erstrebenswertes äußeres Erscheinungsbild, was durch verschiedene, mitunter sogar schmerzhafte Manipulationen zu erzwingen versucht wird, wie z. B. durch diverse „Gehänge" ausgedehnte Ohrläppchen oder Unterlippen oder durch eine Vielzahl von Reifen in die Länge wachsende Hälse bei manchen Ureinwohner-Stämmen, das Füßebinden in China zur Formung zierlicher Frauenfüße für das Tragen besonderer Seidenschuhe, aber auch weitverbreitete Körpermodifikationen wie Tätowierungen, Tattoos, Piercings u. v. a. m. Ebenso kommt das (freiwillige oder etwa suggerierte?) Befolgen der jeweils aktuellen und ständig wechselnden Vorgaben zeitgeistiger Modetrends körperorientierten Menschen zum Herausputzen ihres Kultobjektes Körper äußerst entgegen.

Und was an störenden körperlichen Merkmalen sich gar nicht anders beheben lässt, kann ja immer noch einer Schönheitsoperation unterzogen werden, wodurch sich selbst „Flügelohren", „Höckernasen", „Schlupflider", „Hängebrüste", „Reithosen",

„Fettschürzen" usw. aus der Welt schaffen lassen. *Sind damit allerdings die dahinterstehenden geistseelischen Ursachen*, weswegen die körperlichen Auffälligkeiten entstanden oder eigentlich erst zum Problem geworden sind, in der Seele *auch schon gelöst*, auf diesem Weg *auch lösbar?* Konnte die Lektion, die daraus gelernt werden hätte sollen, auch erkannt werden? Und auch gelernt werden?

„Spiegeln, Spieglein an der Wand, wer ist die Schönste im ganzen Land?", so fragte die Königin und Schneewittchens Stiefmutter im bekannten Märchen der Brüder Grimm. Die körperlichen Schönheitskriterien mögen damals andere gewesen sein als jene, nach denen heutzutage z.B. Wahl und Kür zu Miss World und Mıster Universum erfolgen, aber hat sich an der Begehrlichkeit nach körperlicher Schönheit etwas geändert, am „Schön-schöner-am-schönsten-sein-Wollen"?

Seelenadel

Wie aber ist es um die seelischen Schönheitskriterien bestellt? Wer arbeitet an der Entwicklung seiner Tugenden wie z.B. Demut, Geduld, Langmut, Bescheidenheit, Gehorsam, Aufrichtigkeit, Ehrlichkeit, Barmherzigkeit, Güte, Milde, Sanftmut, Uneigennützigkeit, Friedfertigkeit, Nächstenliebe, oder wer strebt nach geistigen Wahrheiten, gottgewolltem Willenseinsatz, Glaubensstärke, Ausdauer und Beharrlichkeit im Widerstehen gegenüber Versuchungen und Verführungen? Wer weiß, dass eine solcherart veredelte Tugendseele in ihrer Schönheit und Harmonie auch dementsprechend harmonisierend und verschönernd auf den sie umhüllenden Körper ausstrahlt? – Allerdings nach geistig-göttlichen Gesetzmäßigkeiten und nicht nach zeitgeistigen Vorgaben!

Das geflügelte Wort „Wahre Schönheit kommt von innen!" wird im materialistischen Weltbild-Denken vermutlich weniger an diese harmonisierenden Auswirkungen errungener geistseelischer Harmonie auf den Erdenkörper denken lassen, als wohl eher zur Überlegung anregen, wie durch Zufuhr bestimmter Nahrungsmittel, Nahrungsergänzungen, Vitamine, Spurenelemente, Mineralstoffe, Elixiere usw. dieses äußere Ziel wiederum auf materiellem Weg, diesmal eben von innen her über den Magen-Darm-Trakt erreicht werden könnte. Ergänzen lassen sich diese solcherart von innen her gesetzten Maßnahmen noch durch die Inanspruchnahme „verlockender" Angebote aus der breit gefächerten Wellness- und Anti-Aging-Palette, um die persönliche körperliche Schönheit, Fitness und die Attraktivität zu steigern. *Aber lässt sich durch all diese äußerlichen Maßnahmen auch die Ausstrahlung einer vernachlässigten Seele „verschönern"?* In diesem Zusammenhang sei sinngemäß an einen alten Weisheitsspruch erinnert, wonach ein hässlicher Leib nicht der Seele schadet, jedoch eine schöne Seele den Leib veredelt.

Welch reine Harmonie, Liebenswürdigkeit, Herzenswärme, Sympathie, welch wohltuende Ausstrahlung geht doch von Menschen aus, deren Seele wahrlich gereift und entwickelt ist! Dieses Charisma wurde ihnen jedoch nicht geschenkt, sie haben es sich selbst erarbeitet – wo und wann auch immer. (Ebenso liegt es an jedem Einzelnen von uns, an der Reifung seiner Seele zu arbeiten, und er wird es auch irgendwann einmal freiwillig tun.) Mag so eine schon höherentwickelte Geistseele auch durch einen vielleicht schon alten und gebrechlichen Erdenkörper strahlen, der ganz und gar nicht den irdischen Schönheitsidealen entspricht – ihrer Strahlkraft tun mögliche Runzeln und Falten keinen Abbruch!

„Ausnahmefälle"?

Und wie verhält es sich beim Zusammentreffen *mit Mitmenschen, deren Körper* mechanisch nicht behebbare *Beeinträchtigungen, Behinderungen, Gebrechen aufweisen?* Wird da nicht etwa von vielen gesunden, dynamischen, durchtrainierten und gestylten Körperkultanhängern bei so einer unausweichlichen Begegnung der Blick mitunter möglichst schnell gesenkt und seitlich vorbei gleiten gelassen oder das Schritttempo verlegenerweise erhöht und unaufschiebbare Geschäftigkeit signalisiert? Das Erinnern an gesetzlich bestehende Antidiskriminierungsparagraphen und dadurch „ohnehin" bereits geschaffene materielle Erleichterungen zur einfacheren Bewältigung deren Erdenlebensalltags hilft zumindest vorübergehend, das eigene Gewissen zu beruhigen und die ganze Angelegenheit einmal zu verdrängen.

Aber sind Menschen mit Behinderungen nicht auch Geistwesen, Geistseelen, die sich für dieses Erdenleben aus bestimmten Gründen – zur Absolvierung eines geistigen Entwicklungsschrittes – eben in einen behinderten, beeinträchtigten, nicht ideal funktionsfähigen materiellen Körper inkarniert haben, auch wenn sie sich im Erdenleben selbst nicht mehr an diesen geistigen Plan erinnern können? (Im Übrigen können sich auch Menschen ohne Behinderung in ihrem Erdenleben nicht mehr an ihren geistig vorgenommenen Inkarnationsplan mit ihren Lernaufgaben erinnern.) Der Körper dieser Menschen, die materielle Umhüllung ihrer Geistseele, ist beeinträchtigt, in manchen Fällen auch ihr materielles Gehirn und damit natürlich ihr Verstandesdenkvermögen, was jenen Betroffenen leider die recht unschöne Bezeichnung „geistig Behinderte" eingebracht hat. Die Geistseele dieser Menschen ist aber nicht „behindert", sondern sie ist „belastet", so, wie auch die Geistseelen aller Menschen ohne Behinderungen belastet sind, wenn sie sich zum Zweck der

Wiedergutmachung persönlicher Verfehlungen auf dieser Erde inkarniert haben, obgleich für sie in diesem Erdenleben kein behinderter Körper „notwendig" ist. So können Menschen mit Behinderungen in gewissen Sparten ihrer geistseelischen Entwicklung bereits weit gereifter sein als ihre Mitmenschen ohne Behinderungen. Und sie wollen vor allem eines: als gleichwertige Geistseelen wahrgenommen und ernst genommen werden – und nicht als „die Behinderten".

„Wohlfühlfaktoren"

In Zeiten der Körperidentifikation ist doch die Hauptsache, dass der Körper o. k. ist. Denn wenn ich der Körper sein soll, dann bin ich o. k., wenn der Körper o. k. ist. Alles funktioniert (wie) selbstverständlich, automatisch, von selbst (?), alles ist bestens, nichts braucht hinterfragt, über nichts nachgedacht zu werden, „es passt ja eh alles", es kann frisch und munter drauflos gelebt werden, in den Tag hinein, nach den über die Körpersinne geweckten Wünschen, Begierden und Gelüsten. Und so ist heute der Ruf aus dem alten Rom nach „Brot und Spielen" längst übertönt und übertrumpft von den hochgezüchteten Erwartungen einer modernen Genuss- und Spaßgesellschaft an Noch-mehr-Hauben-Lokale, an Noch-mehr-Sterne-Hotels, an noch verlockendere All-inclusive-Club-Angebote, an noch mehr Tage lang dauernde Mega-Festivals, an noch prickelndere Abenteuer-Camps, an noch ultimativere Sport-Events usw. – ganz nach dem Motto: „Der Körper verlangt's!"

Eine Vernunftdenksportaufgabe

Wenn ich aber der Körper sein soll, von wem kann der Körper dann eigentlich etwas verlangen? *Oder ist am Ende der Körper gar nicht das „Ich"?* Wenn der Körper aber nicht das „Ich" ist, wer ist es dann? *Wer bin dann „Ich"?* – Derjenige, von dem der Körper etwas verlangt! – ? Wer ist aber dann der Herr? Der Körper! – ? Und wer ist der Sklave? Ich! – ? Ich Geistseele! – ? Ich Geistseele mit den über die Körpersinne geweckten Wünschen, Begierden und Gelüsten bin der Sklave? Soll der Sklave sein? Der Sklave von wem?

Wenn ich in diesem Bewusstsein lebe – „Der Körper = ‚Ich' verlangt's!" –, wird mir doch in äußerst raffinierter Weise suggeriert, dass eigentlich „Ich", ich Geistseele, es will und tun soll. *Wo bleibt da die Prüfung mit der Vernunft?* Die Prüfung mit der Vernunft, die mich erkennen lassen könnte und sollte, dass ich dann doch nur ein willenloser, fremdbestimmter, fremddiktierter Sklave wäre und als solcher das zu tun hätte, was negative Geistwesen von mir, der Geistseele im Körper, wollen: nämlich den mir von ihnen über meine Körpersinne suggerierten Wünschen, Begierden und Gelüsten ungeprüft nachzugeben, also meine Kräfte nach außen (an sie) abzugeben, zu vergeuden und mich dadurch seelisch zu belasten. Dann bin aber „Ich", ich Geistseele, nicht Herr über meinen Körper bzw. genau genommen über die mir von außen suggerierten und nur vermeintlich dem Körper zugeschriebenen Bedürfnisse, sondern Sklave. Dann bin ich zum Sklaven der negativen Beeinflusser geworden und belaste mich dabei seelisch!

Warum habe ich aber vom Schöpfer meine Vernunft geschenkt bekommen? – Um alles an mich Herankommende damit zu prüfen und alles als nicht-gottgewollt Erkannte mit meinem bedingt freien Willen willentlich zurückzuweisen, nicht anzunehmen, nicht zu befolgen. Nur so kann ich Schritt für Schritt

Herr über die Versuchungen werden, die eben auch über die Eintrittspforte Körpersinne an mich Geistseele herangetragen werden. Die Geistseele will sich jedoch nicht belasten, sondern geistig entwickeln. Sie will sich befreien von allen Belastungen, Bindungen, Untugenden, von allem negativen Verlangen, von allem Müssen, wie Befriedigen-Müssen, Genießen-Müssen, Haben-Müssen, Besitzen-Müssen, Erleben-Müssen usw.

Das sei nur ein Beispiel dafür, welch leichtes Spiel negative Geistwesen mit uns Erdenmenschen haben, wenn es an Geistwissen mangelt, um uns an unserer geistigen Entwicklung und Seelenreifung zu hindern und somit aus ihrem Einflussbereich und ihren Zugriffsmöglichkeiten nicht freikommen zu lassen.

Nach diesem kleinen Vorgriff blicken wir wieder zurück auf die Erdenweltbühne:

„Carpe diem!"

= „Pflücke, nütze, genieße den Tag!" Wie wird dieser Aufforderung des römischen Dichters Horaz heute Folge geleistet? In der Mehrzahl diesseitsorientiert: „Genieße den Tag, den heutigen Tag, ohne nachzudenken, was morgen ist! Es könnte ja dein letzter Tag sein. Wer weiß, ob du morgen überhaupt noch lebst. Da genieße doch lieber in vollen Zügen, was dir der heutige Tag bieten kann!"

Doch bleibt bei dieser Lebenseinstellung nicht ein gewisses Unbehagen …, vor dem Morgen …, oder zumindest vor dem letzten Tag …? Wobei man natürlich versuchen wird oder – besser gesagt – versucht wird, dieses aufkeimende Unbehagen sofort in neuem und umso betörenderem Genießen zu ersticken oder zu ertränken.

Erhielte das „Carpe diem!" nicht eine tiefsinnigere und jenseitsorientierte Bedeutung mit der vergeistigenderen Interpretation im Sinne von: „Nütze den Tag für deine geistseelische Entwicklung!"? Somit wären wir nämlich dazu aufgerufen, jeden Erdenlebenstag, ja jeden Augenblick unseres Erdenlebens – aus geistiger Sicht – für die Reifung unserer unsterblichen Seele zu nützen, um nach Beendigung unseres diesmaligen Erdenlebens eine schönere jenseitige Sphäre zu erreichen als die, von der wir ausgegangen sind, oder im Idealfall ein für alle Mal in ein lichtes Jenseits hinüberwechseln zu können, ohne neuerlich notwendiges Comeback auf einer materiellen Weltenstufe in einem grobstofflichen Körper. – Materie, ade!

Faktum ist ...

... und dieser Tatsache kann sich selbst der eingeschworenste Verstandesdenker nicht entziehen: Das Erdenleben hat ein Ende! Jedes Erdenleben, auch seines! Ist doch jeder Neuankömmling auf dieser Erde bereits mit dem „Ablaufdatum" seines Erdenlebens = „Körpertod" quasi versehen. Zwar kann man sich der Auseinandersetzung mit dieser Tatsache ein Weilchen entziehen, immer wieder ein Weilchen, immer und immer wieder, aber die Tatsache gilt und rückt immer näher und näher. Unumstößlich! Unausweichlich! Gesetzmäßig! Und so ist es in der Liebe des Schöpfers zwecks Aufrüttelung seiner geistig schlafenden Kinder zugelassen, dass von Zeit zu Zeit Situationen oder Ereignisse eintreten, die zur Auseinandersetzung mit dieser Tatsache „liebevoll" auffordern sollen ...

Ab einem gewissen Alter genügt dazu mitunter ganz einfach ein unbeabsichtigter, unvorbereiteter Blick in den Spiegel (wohlgemerkt: vor diversen kosmetischen Grundreinigungs-, Bearbeitungs-, Korrektur-, Übertünchungs- und allfälliger Spachtelungsmaßnahmen): O Schreck! Die ersten grauen Haare, Falten oder Tränensäcke lassen unleugbar den nagenden Zahn der Zeit

erkennen … Oder die an der Sportuhr ablesbaren Leistungs-
werte zeigen schwächelnde Tendenz trotz völliger körperlicher
Verausgabung im Fitness-Training und bei nachweislich nicht
altersschwach gewordener Batterie … Oder es melden sich die
ersten Wehwehchen bis Zipperlein als unverkennbare Hinweise
auf ein nicht mehr so ganz selbstverständliches und reibungslo-
ses Funktionieren des Körpers … Und auf einmal ist er krank,
dieser Körper!

Die Rolle des Erdenkörpers
beim kranken Menschen

Kleinere Unpässlichkeiten werden zunächst einmal wohl eher
als lästig und störend empfunden und man ist froh, wenn sie sich
möglichst rasch wie von selbst (?) wieder verabschiedet haben
und man sich nicht womöglich eingehender damit auseinandersetzen oder gar über ihre Ursache nachdenken muss. Hauptsache, der Körper ist wieder o.k.!

Erstmaßnahmen

Sollte eine Erkrankung den Körper doch einmal stärker in Mit-
leidenschaft ziehen, sodass die dadurch hervorgerufenen Beeinträchtigungen seines üblicherweise normalen Funktionierens
nicht einfach ignoriert und übergangen werden können, besteht
Handlungsbedarf und dafür im Vorfeld Nachdenkbedarf. Dieses Nachdenken wird vermutlich zum Ziel haben: *„Wie bekom-
me ich diese* unerfreulichen, unliebsamen, unangenehmen *Beschwerden* so einfach und *so schnell wie möglich wieder weg?"*
Also zunächst einmal z.B. in Eigenregie ein fiebersenkendes
Mittel, etwas Entzündungshemmendes, eine Schmerztablette,

eine zweite, eine andere, eine stärkere …, und dann doch zum Hausarzt. Notwendigerweise können folgen: „stärker wirksame" Medikamente, Injektionen, Infusionen, Überweisungen ins Labor, zur radiologischen Abklärung, zur fachärztlichen Begutachtung usw.

„Beschäftigungstherapie"

In dieser Phase richtet sich das Nachdenken des kranken Menschen hauptsächlich darauf, wie all diese Termine am schnellsten organisiert, koordiniert und angesichts seines ohnehin angeschlagenen körperlichen Zustandes auch tatsächlich eingehalten werden können. Für sonstiges Nachdenken (z. B. nach der möglichen tieferliegenden geistseelischen Ursache seiner Krankheit) bleibt in dieser Phase leider meist keine Zeit, und dazu kommen auch höchst selten Anregungen seitens des Gesundheitssystems. Bestünde überhaupt ein wirkliches Interesse dafür? Und wenn alle Krankheitssymptome „erfolgreich" beseitigt werden konnten, der Körper wieder planmäßig funktioniert und alles im Alltagstrott so weitergehen kann wie bisher bzw. wie vor der Erkrankung, wird auch im Nachhinein wohl kaum weiter darüber nachgedacht werden. Sollte aber! Denn es könnten die ersten körperlichen Signale der schon länger leidenden Seele gewesen sein, deren zarte Regungen bisher nicht registriert worden waren. Über diese Krankheitssymptome ihres Erdenkörperwerkzeuges will sie sich dem Menschen nun sinnenhaft bemerkbar machen und etwas mehr Aufmerksamkeit und Beachtung geschenkt bekommen.

Hoppla, ein Rückfall!

Was aber, wenn die bisherigen Behandlungsversuche fehlgeschlagen sind? Der Patient auf diverse Therapien nicht anspricht? Der Heilungsverlauf nicht so vonstattengeht, wie es laut medizinischem Lehrbuch zu erwarten gewesen wäre? Wenn die Beschwerden entweder gar nicht „wegzubringen" sind oder schon nach kurzer Zeit wieder auftauchen oder aber immer wieder kommen? Und die schon deutlicheren Hilferufe der Seele immer noch nicht registriert worden sind oder weiterhin hartnäckig ignoriert werden?

Dann werden möglicherweise chirurgische Maßnahmen überlegt, wo durch operative Eingriffe nicht mehr funktionierende oder krankhaft veränderte Körperteile, Organe, Gelenke, aber auch Ablagerungen, Verhärtungen und sonstige Gewächse einfach entfernt werden. Falls notwendig, lassen sich heutzutage bekanntlich schon eine Vielzahl von künstlichen Materialien in den Körper implantieren, um Körperfunktionen zu unterstützen oder Körperteile zu ersetzen. Denken wir z. B. nur an den Ersatz von geschädigten oder abgenützten Hüft-, Knie- oder Schultergelenken, denken wir aber auch an Herzschrittmacher, Stents, Gefäßprothesen u. v. a. m.!

Erwartungshaltung

Fragen wir uns weiter: *Mit welcher Erwartung unterzieht sich ein Mensch dann einer Operation?* Dass danach alles wieder genauso weiterlaufen kann, wie es vorher war, wie vor den Schmerzen, Beeinträchtigungen und Einschränkungen? Dass er seinen gewohnten, scheinbar „richtigen" Lebensstil genauso beibehalten kann wie bisher, als ob nichts gewesen wäre, als ob er dadurch nicht krank geworden wäre? Oder hat er in der Zwischenzeit nachgedacht über sich, über sein Leben, sein Verhalten, seine Gewohnheiten, seine Denkweisen usw., und bei dieser Verinnerlichung den einen oder anderen Impuls erhalten (über seinen Schutzengel!), dies oder jenes in seinem Leben ändern zu wollen, zu verbessern, z. B. liebevoller zu werden, toleranter, versöhnlicher, also an seiner geistseelischen Höherentwicklung zu arbeiten?

Fasst er nun den festen Entschluss, das als ungünstig Erkannte auszumerzen, also an seiner Seele anstehende Reinigungsarbeiten in die Wege zu leiten und umzusetzen, so wird ihm die durch eine Operation bescherte, wieder schmerz- und beschwerdefrei(er)e Lebensphase in einem hohen Maße zur Umsetzung seiner Seelenreifung dienen können.

Hightechmedizin, Transplantationen

Stehen noch keine künstlich herstellbaren Ersatzmaterialien zur Verfügung, bedient man sich, falls erhältlich, aus den reichhaltigen „Ersatzteillagern", sprich Spenderdatenbanken der länderübergreifend vernetzten Transplantationszentren, um irreparabel geschädigte körpereigene Organe durch Spenderorgane zu ersetzen. Da stellt sich wiederum eine Frage: *Warum werden eigentlich Spenderorgane von manchen Menschen gut angenommen, von anderen hingegen abgestoßen*, obwohl die Auswahl im Vorfeld stets nach hochspezifischen immunologischen Kriterien erfolgt? Wird dabei berücksichtigt, ja kann in der materialistisch orientierten Wissenschaft überhaupt bekannt sein, dass der materielle Körper und damit auch jedes Organ und Gewebe von der Geistseele „geprägt" ist und damit natürlich auch jedes Spenderorgan eine ganz individuelle Eigenschwingung der „Spender-Geistseele" hat? Wenn nun die geistseelische Entwicklung von Spender und Empfänger sehr unterschiedlich ist, könnten dadurch nicht „ungünstige Interferenzen" zwischen sehr unterschiedlichen Schwingungstendenzen zu Transplantationskomplikationen führen, trotz bester immunologischer Übereinstimmung? Und je sensibler, sensitiver der Empfänger, umso sensibler wird er auch auf die Spenderschwingung reagieren, mit dementsprechend möglichen Auswirkungen auf die Verträglichkeit eines Spenderorgans.

Na, so was!

Gibt es doch Beispiele, dass schon nach Verabreichung „bloß" einer Bluttransfusion bei einem sensiblen, sensitiven Empfänger – zwar nur vorübergehend und allmählich wieder abklingend – ungewohnte, weil nicht der eigenen Geistseele entstammende Seelenregungen registriert wurden. So war das plötzlich aufgetretene und höchst befremdliche intensive Alkoholverlangen eines sonst völlig alkoholabstinent lebenden Menschen darauf zurückzuführen, dass die erhaltene Blutkonserve nachvollziehbar von einem dem Alkohol nicht abgeneigten Spender stammte …

In diesem Zusammenhang soll nicht unerwähnt bleiben, dass in den erhaltenen transplantierten Spenderorganen häufig schon allzu bald wieder dieselben Probleme, Funktionsstörungen, Schäden und Erkrankungen auftreten können wie im ursprünglichen körpereigenen Organ. Warum? *Wurde etwa die dafür verantwortliche ursächliche seelische Disharmonie noch nicht erkannt?* Oder wurde diese zwar bereits erkannt, aber noch nicht an ihrer Auflösung gearbeitet? Warum nicht? Aus Unwissenheit? Aufgrund mangelnder oder gar keiner Hinführung, Anregung, Ermunterung zur aktiven seelischen Problemaufarbeitung? Oder aus Uneinsichtigkeit, Stolz, Ignoranz, Bequemlichkeit, Kleinmut, Scham …?

Es mag auf den ersten Blick sicher bequemer anmuten, auf ein zweites Spenderorgan zu warten, dem vermutlich dasselbe Schicksal beschieden sein könnte, wenn zwischenzeitlich nicht begonnen wird, an der Bereinigung der dem körperlichen Krankheitsgeschehen zugrunde liegenden Seelenbelastungen zu arbeiten, also die Ärmel aufzukrempeln und endlich die Arbeit an sich selbst anzupacken. Denn schon die kleinste Seelenreinigung ist ein wichtiger Schritt auf dem Weg zur geistseelischen Harmonisierung und wenn möglich zur körperlichen Gesundung.

Zeit wofür?

Jede Arbeit an unserer Seele ist in der Geistseele registriert, ebenso jedes Versäumnis; und beides wird einmal ins Jenseits mitgenommen, während der materielle Körper ohnehin der Erde anheimfällt. So gesehen ist es entscheidend, die Zeit jedes Erdenlebensjahres, jedes Erdenlebenstages, ja jedes Augenblickes für die persönliche geistseelische Entwicklung und Reifung zu nützen. Denn die Zeit unseres Erdenlebens verrinnt unwiederbringlich! Und was ein Mensch in einem oberflächlich-sorglos dahinplätschernden, ganz auf die äußerlichen Annehmlichkeiten ausgerichteten Erdenleben in 90, 95 oder 100 Jahren nicht erledigt, schafft ein anderer unter Umständen durch das bewusst in Angriff genommene und gottgewollte Bestehen einer schweren Lebensprüfung in kurzer Zeit und geht – geistseelisch erleichtert und befreit! – vielleicht noch jung an Erdenlebensjahren ins Jenseits, und zwar in eine jenseitige Sphäre, die lichter ist als jene, aus der er dieses Erdenleben angetreten hat. Mag auch auf seiner Parte zu lesen sein, dass er – in irdisch-menschlichen Worten ausgedrückt – „viel zu früh" aus der Mitte seiner Angehörigen gerissen wurde …

Gentechnik

Und wo selbst die Transplantationsbörse am Plafond ihrer Kapazitäten und Potenziale angelangt ist, ist der nächste Schritt in Richtung Gentechnik im materialistischen Denksystem fast schon vorgegeben und wird uns als sogenannter Fortschritt schmackhaft gemacht. Die Anwendung biotechnologischer Verfahren hat mittlerweile nicht nur zur gentechnischen Herstellung zahlreicher Medizinprodukte und Medikamente geführt, sondern zielt immer mehr auf ganz spezifische gentechnische Veränderungen von Zellen im menschlichen Körper ab, indem die für die Auslösung von Krankheiten als ursächlich angenommenen „fehlerhaften" Gene manipuliert bzw. durch intakte Gene ersetzt und somit der kranke Körper wieder gesund werden soll – ohne die eigentliche „Fehlsteuerung", die Disharmonie der Seele, in das Ursache-Wirkungs-Denken miteinzubeziehen. Bedenken wir aber: Gene sind nur Informationsträger! *Und wer legt die nicht-materielle Information in die Gene hinein?*

Klonen

Man kann sich des Eindrucks ja fast nicht erwehren, dass manche Forscher und Wissenschaftler alles daransetzen wollen, um materiell perfekte Körper „herstellen" zu können, und sei es durch Klonen. *Glauben sie* im materialistischen Verstandesdenken *etwa wirklich, damit neues Leben „schaffen" zu können?* Doch klonen lässt sich nur die materielle Hülle, nicht der Gottesurlichtfunke! Leben erschaffen kann doch nur der Schöpfer allein! Wengleich solcherart Bestrebungen, idente Körper herzustellen, bis zu einem gewissen Grad im Naturgesetz möglich sind – widerstreben diese nicht dem Willen Gottes?

Wenn in den geistig-göttlichen Gesetzen auf unserer Erdenweltenstufe Einverleibungen von Geistwesen durch menschliche Zeugungsakte vorgesehen sind – wobei die zukünftigen Erdeneltern vom inkarnationswilligen Geistwesen nach deren persönlicher geistseelischer Entwicklung, aber auch nach gewissen bei ihnen vorhandenen körperlichen Faktoren ausgewählt werden, um ideale Ausgangsbedingungen für eigene Wiedergutmachungsarbeiten vorzubereiten –, was für eine Art Geistwesen mit welcher geistigen Entwicklungsstufe würde in so einen nicht im Willen Gottes produzierten Materiekörper inkarnieren können wollen? In diesem Zusammenhang sei wieder einmal an das geistige Gesetz „Ähnliches zu Ähnlichem" erinnert und auch daran, dass bekanntlich der Hochmut („wie Gott" sein wollen bzw. „wie Gott" Leben schaffen können wollen) immer noch, auch heute, vor dem geistigen Fall kommt!

Vom „Therapieversager" zum „Austherapiert!"

Was aber, wenn trotz aller wissenschaftlichen Erkenntnisse, technischen Errungenschaften und therapeutischen Fortschritte der sogenannten naturwissenschaftlich-materialistisch ausgerichteten Medizin eine Krankheit selbst mit allen verfügbaren „Geschützen" nicht mehr besiegbar ist? Ein Mensch (oder doch nur der Körper?) nicht mehr zu retten ist? Wenn ein Patient nach allen Regeln der – anerkannten – Behandlungsmethoden „austherapiert" ist? Wohlgemerkt: bei einer Betrachtung rein aus der Perspektive der gängigen materialistischen Denkdimension! Wenn wirklich nichts mehr für ihn (oder doch nur für den Körper?) getan werden kann? Kein weiterer Chemotherapiezyklus? Keine weitere Hochdosisbestrahlung? Kein weiterer chirurgischer Spezialeingriff? Keine weitere Immuntherapie?

Wenn es nach dem aktuellen (Verstandes)Wissensstand einfach nichts mehr gibt, gar nichts mehr?

Eine unausweichliche Konfrontation

Sollte die Konfrontation mit der Endlichkeit dieses Weltbildes nicht zum Nachdenken, Überdenken, Weiterdenken anregen? Über die Endlichkeit des Körpers, des eigenen Körpers? Über die Endlichkeit des Erdenlebens, des eigenen Erdenlebens? Über die – vermeintliche – Endlichkeit der persönlichen Existenz, ohne das geistige Wissen, „dass ich ewig lebe und du auch"?

Und je höher der Stellenwert, den ein Mensch während seines bisherigen Erdenlebens dem materiellen Körper zugemessen hat, umso härter und schwerer wird diese Konfrontation ausfallen. Wer sich nämlich selbst nur für den Körper – entstanden bei der irdischen Zeugung und endend mit dem Körpertod – gehalten und sein Erdenleben nur nach der Erfüllung und Befriedigung seiner vergänglichen, irdischen, hochgezüchteten Körper-Bedürfnisse, Körper-Wünsche und Körper-Begierden ausgerichtet hat, hat vielleicht vordergründig mit dieser Lebenseinstellung recht gut leben können, solange dieser Körper jung, schön, fit und gesund war und der Gedanke an den Körpertod weit weg. *Aber jetzt? An der Schwelle zu diesem Körpertod?* Zu seinem Tod als Mensch? Zu seinem – vermeintlichen – Ende?

Reaktionstypen und Reaktionsmuster

Welche seelischen Reaktionen lassen sich von solcherart Betroffenen erwarten? Aufgepasst: welche seelischen Reaktionen! Angst und Furcht – vor dem Sterbevorgang in banger Erwartung eines womöglich schmerzhaften sogenannten Todeskampfes, vor dem Zurücklassen-Müssen der irdischen Familienangehörigen und um deren Zukunft, besonders aber vor der großen bevorstehenden Ungewissheit, vor dem Nichts, dem Nicht-mehr-Sein, dem Nicht-mehr-Weiterexistieren, bei gleichzeitigem leisen Hoffen darauf, „dass doch irgendetwas danach sein könnte". Weiters können Gedankenformationen und Gefühlsaufwallungen in verschiedenste Richtungen erlebt bzw. beobachtet werden, wie z.B. ein entschiedenes Nicht-wahrhaben-Wollen mit Verleugnen der ganzen Situation, Aggressionen wie Hader, Zorn und Wut mit Auflehnen und Aufbegehren gegen das sogenannte „ungerechte und grausame Schicksal", Depressionen mit Traurigkeit, Verzweiflung, Hoffnungslosigkeit bis zur völligen Resignation, weiters ein Empfinden totaler Sinnlosigkeit, Gleichgültigkeit oder Hilflosigkeit, aber auch Verhärmung, Verbitterung, Unversöhnlichkeit gegenüber anderen und sich selbst wegen irgendwelcher Versäumnisse oder Fehler, Schuldzuweisungen und Selbstvorwürfe, Empfindungen des Verlassenseins „von aller Welt" (dem bisherigen Maß aller Dinge), „von allen guten Geistern" (die man bisher ohnehin als Hirngespinst abgetan hat) und „von Gott" (an dessen Existenz man bisher wahrscheinlich ebenfalls nicht oder nur sehr vage geglaubt hat) usw. Sind das nicht recht unbefriedigende Perspektiven, die sich da einem Menschen in der rein materiellen Lebensdimension darstellen?

Auf der Suche nach dem Sinn

Stellen wir auf der Basis eben dieser Betrachtungsebene gleich die folgende logische Frage: ***Was könnte in der rein materiellen Lebensdimension*** so einem Menschen in einer solchen Erdenlebenssituation ***als Trost und Hilfe in Aussicht gestellt werden?*** Welche Lösungsansätze für seine ihn nahezu überwältigenden Probleme? Welche zielführenden Antworten auf seine Fragen nach dem „Warum gerade ich?", „Wieso ist das alles so ungerecht?", „Was hat das alles für einen Sinn?" usw.?

Ohne geistwissenschaftliches Basiswissen um die ganz großen Zusammenhänge unserer geistseelischen Gesamtexistenz und unserer daraus resultierenden Weiterexistenz in alle Ewigkeit bleiben auch die essenziellen Fragen *„Woher komme ich?"*, *„Wozu lebe ich?"*, *„Wohin gehe ich?"* leider ohne geistig richtige Antwort. Und in einem Weltbild, in dem sich auf solche Fragen keine schlüssigen, keine befriedigenden, keine beruhigenden Antworten finden lassen – weil eben nur im Verstandesdenken des materiellen Gehirns danach gesucht wird, nicht aber im Vernunftdenken des geistigen Bewusstseins –, wird man es eben mit anderen Lösungskonzepten versuchen bzw. mit Maßnahmen, die für Lösungskonzepte gehalten werden.

Feigherzige Ablenkmanöver …

So könnte z. B. Patienten mit nachgewiesenermaßen „fataler Diagnose", statistisch errechneter „aussichtsloser Prognose" und in einem selbst bei bloßem Hinschauen erkennbaren erbärmlichen körperlichen Zustand „vorzugaukeln" versucht werden, dass doch alles „gar nicht so schlimm" wäre, dass man noch dieses oder jenes für sie zu tun gedenke, dass sie sich daher zusammenreißen und mitarbeiten müssten usw. Und wer von den oft verlegen gemiedenen sogenannten „Todgeweihten" diese gut gemeinten Ablenkungs-, Bemäntelungs- und Beschwichtigungsmanöver auch als solche erkennt und sich dementsprechend seine Verunsicherung und zutiefst menschlich empfundenen Regungen von Angst und Ungewissheit vor dem ihm Bevorstehenden zu äußern getraut, erhält – nicht vorrangig eine geistseelisch befreiende Aufklärung über sein sofortiges geistseelisches Weiterleben in einer jenseitigen Lebensdimension usw., sondern –

leider nur allzu oft bewusstseinsdämpfende Arzneimittel (interessanterweise wird in so einem Zusammenhang auf einmal sehr wohl von einem „Bewusstsein" gesprochen!), um ihn von seinem Herumsinnieren abzubringen.

… oder ein mutiges Sich-Stellen

Könnte in so einer Erdenlebensphase, in der zwar der materielle Körper völlig geschwächt im Krankenbett liegt, *dieses Herumsinnieren nicht ein Hilferuf der* sich durch den Körper hindurch immer mehr bemerkbar machen wollenden *Seele sein?* Möchte etwa der persönliche Schutzengel gerade diese Erdenlebensphase, in der die Geistseele schon etwas vom materiellen Körper gelockert und somit aufnahmefähiger für geistige Inspirationen ist, dazu nützen, Orientierungshilfen für den Hinübergang ins Jenseits zu geben? Oder über das Gewissen aufwühlen, indem die eine oder andere Erdenlebenssituation ins Bewusstsein gerufen werden könnte – wenn es nicht medikamentös gedämpft worden wäre! –, um so manche z.B. lieblose persönliche Reaktion im Umgang mit Mitmenschen zu überdenken und vielleicht noch bereinigen zu können? Dann nämlich hätte dieses eben nur scheinbar sinn- und zwecklose Herumsinnieren doch gewaltigen Sinn und Zweck: die Reinigung, die Befreiung der Seele von der einen oder anderen Belastung, die im Erdenleben mitunter recht unbedeutsam scheinen mag, sich jedoch im Jenseits als durchaus unangenehmes Anhängsel und vor allem wesentlich schwieriger lösbare Fessel erweisen könnte, als es hier auf Erden mit einem klärenden Gespräch, einem Friedenschließen oder einer Versöhnung – und sei es noch am Sterbebett – eigentlich relativ einfach möglich (gewesen) wäre.

Im Zuge so einer vom Schutzengel geförderten Gewissenserforschung kann das ehrliche Bedürfnis entstehen, sich bei einem

Mitmenschen entschuldigen zu wollen für einen zugefügten materiellen oder seelischen Schaden, für eine Übervorteilung, für angetane Lieblosigkeiten, Verletzungen oder Kränkungen. Sollte der Betroffene bereits ins Jenseits hinübergewechselt sein, sei eine gedanklich an ihn gerichtete aufrichtige Bitte um Verzeihung angeraten, die von geistigen Helfern bereitwillig an den „jenseitigen Empfänger" weitergeleitet wird, wenn er im Jenseits schon bewusst und somit aufnahmefähig dafür ist. Falls nötig, wird von ihnen auch noch liebevoll auf dessen Versöhnungsbereitschaft eingewirkt. Jedes Gebet um Liebe, Frieden und Harmonie für alle Menschen, mit denen sich die eigenen Erdenlebenswege gekreuzt haben, wirkt entlastend und befreiend.

Die irdische Psychologie …

Auch wenn schwerkranken Menschen eine psychologische Betreuung als Hilfestellung angeboten wird – *worauf konzentriert sich eine solche in vielen Fällen?* Etwa auf das Organisieren der Bereitstellung von Lieblingsspeisen inklusive dem berühmten Glaserl Wein, Likör oder einer Genuss-Zigarette? Auf ein In-die-Erinnerung-Rufen schöner, unbeschwerter, vergnüglicher Erlebnisse aus vergangenen Erdenlebenstagen? Auf ein Visualisieren blühender Wiesen oder karibischer Palmenstrände mit akustischer Untermalung von vorgestelltem Vogelgezwitscher oder Meeresgeplätscher? Sollte ein zum allerletzten Mal mögliches verstandes- und gefühlsmäßiges Konzentrieren auf irdische Wünsche gar Ausdruck des Immer-noch-festhalten-Wollens an der Erdenwelt sein? Warum wird allein der irdischen Daseinsebene so viel Raum geschenkt? Ist sie wirklich die einzig real bestehende und existierende? Wie sinnvoll und hilfreich könnte sich gerade in dieser Lebensphase eine dimensionserweiternde „geistpsychologische" Betreuung durch geistwissenschaftlich erfahrene Menschen erweisen!

… und die geistige Psychologie

Hat die allgemeine irdische Psychologie zwar bereits den verdienstvollen Nachweis erbracht, dass das Seelische genauso eine Wirklichkeit darstellt wie das Körperliche, würde durch die Miteinbeziehung der geistig-göttlichen Realität als weitere und wesentlichste Dimension unseres Seins ein segensreicher Schritt aufwärts erfolgen. Denn ohne diesen Vernunft-Denkschritt zur Anerkennung des Schöpfers als unseren geistigen Lebensspender und unserer Gotteskindschaft als Grundlage unserer eigentlichen, der geistigen Existenz, bleibt alles Erdenpsychologische unbefriedigendes Bruchstückwerk. Es fehlt ja am Wichtigsten, an der geistigen Zielrichtung: Näher mein Gott zu dir!

Geistpsychologie am Krankenbett

Wie könnte sich so eine geistpsychologische Hilfestellung (in jener Lebensphase und nicht nur in jener!) gestalten? *Worüber sollte so ein kranker Mensch aufgeklärt und wozu ermutigt werden?* – Dafür wird sich ein in der Geistwissenschaft erfahrener Mensch zunächst einmal Zeit nehmen, Zeit für seinen Mitmenschen, der gerade jetzt seine Zeit braucht. Und diese seine Zeit wird er ihm auch gerne schenken. Und seine Zuwendung. Und sein Einfühlungsvermögen. Und seine Verständnisbereitschaft. Und seine Geduld. Und seine Nächstenliebe. Dazu einige Anregungen für so einen kleinen Liebesdienst:

- Mit einem Gebet um Schutz und Segen von oben sowie um geistige Führung und Lenkung des Gespräches beginnen – (und zwar möglichst früh, spätestens am Vorabend des geplanten Krankenbesuches, damit die erbetenen geistigen Hilfestellungen von den dafür zuständigen geistigen Helfern vorbereitet werden können) – und damit die geistige Gestaltung und den Ablauf des irdischen Zusammenseins in die Hände des Schöpfers legen – damit sein Wille geschehen möge und nicht der eigene – und nicht aus sich selbst heraus, womöglich mit einem gewissen Druck oder gar Nachdruck, irgendwelche noch so gut gemeinte Ratschläge geben wollen.

- Den eigenen Schutzengel um Inspiration bitten, dass „die richtigen Themen" zur Sprache kommen und „die rechten Worte" dafür gefunden werden können – und ebenso den Schutzengel des kranken Menschen bitten um sein Einwirken auf die Aufnahmebereitschaft seines Schützlings – damit geistige Ratschläge möglichst gut verstanden und angenommen werden können.

- Dann aber auch fest darauf vertrauen, auf die erbetene geistige Unterstützung – und sich voller Demut und Gottvertrauen in der irdischen Situation am Krankenbett geistig führen lassen!

- Zunächst einmal ganz einfach Fragen stellen, was denn diesen leidenden Menschen beschäftigt, bedrückt, belastet – ihm geduldig zuhören und seine ganz individuellen Sorgen, Nöte und Betrübnisse ernst nehmen – sein „Sich-etwas-von-der-Seele-Reden" aber nicht auf ein negatives Schwingungsniveau abgleiten lassen, sondern das Gespräch immer wieder geistig heben und lenken.

- Ihn insbesondere auch danach fragen – welche Seelenregungen angesichts der Erkrankung in ihm hochkommen – wie Angst, Hilflosigkeit, Ausgeliefertsein, Wut, Traurigkeit, Hader, Ungerechtigkeitsempfinden, Verbitterung usw. – und darin ganz konkrete Anknüpfungspunkte erkennen für notwendige, „Not-wendende", weiterführende geistige Erläuterungen und Anregungen zu „Heil-bringenden" Seelenreinigungsarbeiten.

- Und weitere Fragen stellen – was er sich an Hilfen erwartet, erhofft – wie man ihm aus seiner Sicht helfen könnte – und was man für ihn sonst noch tun könnte.

- Ihn aber auch dahingehend befragen – was er glaubt, zur Verbesserung seiner Situation selbst beitragen zu können – was er sich vorstellen könnte, selbst zu tun, selbst zu ändern – ob er bereit wäre, selbst in die Verantwortung zu gehen, Eigenverantwortung zu übernehmen – und sich anhand seiner Antworten einen Eindruck verschaffen von seiner derzeitigen geistigen Lebenseinstellung.

- Ihn dort „abholen", wo er schon zugänglich ist – und versuchen, ihm einfache geistige Zusammenhänge zu erklären – und immer wieder nachfragen, ob er gut folgen kann, das Gesagte gut aufnehmen und gut verstehen kann – und sich mit Gegenfragen davon auch überzeugen – und es in anderen Worten noch einmal wiederholen.

- Seine Motivation dahingehend fördern und bestärken, die derzeitige Situation (und sei sie noch so misslich, noch so irdisch aussichtslos) bedingungslos anzunehmen und zu bejahen – und um Kraft zum Ertragen und Bewältigen all dessen zu bitten – und ihm immer wieder gut zureden und Mut machen.

- Ganz behutsam versuchen, ihn zur Einsicht kommen zu lassen, dass er ja selbst einmal die Ursache dafür gelegt hat … und jetzt die Wirkung dieser selbst gelegten Ursache an sich erfährt … – und ihn dazu anregen, um Erkenntnis zu bitten, was er aus dieser Situation geistseelisch lernen soll.

- Ihn ermutigen, die Verantwortung für seine jetzige Situation bzw. deren Ursache zu übernehmen – ohne versuchen zu wollen, sie einem anderen Menschen oder irgendwelchen anderen Umständen zuzuschieben. (Trägt doch jedes abgefallene Geschöpf selbst die Verantwortung für seinen leidvollen Zustand in der mehr oder weniger weiten Gottferne, und zwar ab dem ersten bewusst und freiwillig gesetzten Schritt aus der göttlichen Ordnung.)

- Zum Überdenken seines Lebens ermuntern und zum Nachdenken über getane Lieblosigkeiten oder versäumte Pflichterfüllung – und zum Bitten um Verzeihung für all seine schon bewusst erkannten Übertretungen der Gesetze Gottes und Verfehlungen gegen die Liebeslehre Jesu Christi, wodurch auch andere zu Schaden gekommen sein mögen.

- Wer selbst Verzeihung erlangen will, soll aber auch darauf hingewiesen werden, dass es seine geistige Pflicht ist, zuerst selbst all jenen zu verzeihen, die ihrerseits ihm in irgendeiner Weise materiell oder seelisch Schaden zugefügt haben, indem sie ihn z. B. übervorteilt, belogen, betrogen, hintergangen, kritisiert, verhöhnt, beschimpft, gekränkt, beleidigt, verletzt haben. Auch wenn es menschlich schwerfallen mag, soll er darin bestärkt werden – ohne Rücksicht auf erlittene

Schädigung restlos und selbstlos zu verzeihen – ohne Verhärmung, Vergrämung, Betrübnis oder Bitternis zurückzubehalten – einfach aus seinem ganzen Bewusstsein zu vergeben – und zu vergessen!

- Die Erinnerung an seinen Schutzengel wachrufen bzw. ihn über die Existenz seines Schutzengels überhaupt erst aufklären – mit all dessen Aufgaben, Einsatz- und Hilfsmöglichkeiten als treuester geistiger Begleiter, als verlängerter Arm Gottes und Helfer im Willen des Schöpfers – und eine Vertrauensbasis zu ihm herstellen und festigen helfen.

- Voller Überzeugung ihm zu vermitteln versuchen, dass wir alle geliebte Kinder Gottes sind, in der Geistseele ganz unzerstörbarer Natur – und dass wir jederzeit unseren himmlischen Vater um seine Hilfe bitten dürfen und sollen.

- Sein Vertrauen zum Schöpfer dahingehend bestärken, dass er in allen Lebenssituationen – immer zuallererst – unseren himmlischen Vater demütig um Hilfe bitten kann und soll. Wenn nämlich ein Kind Gottes seinen himmlischen Vater voll innigem, kindlichem, gotteskindlichem Vertrauen um Hilfe bittet, so wird ihm immer Hilfe zuteil, und zwar jene, welche die beste für ihn ist. Unser Schöpfer weiß doch am allerbesten, was zu jeder Zeit die allerbeste Hilfe für sein geliebtes Kind ist. Gott will doch nicht, dass seine Kinder leiden! Das Leid haben wir uns durch unseren Abfall ja selbst geschaffen. Gott will aber, dass alle seine Kinder glücklich und heil sind!

Und jetzt wieder zurück in die rein irdisch-verstandesmäßig-materielle Lebensdimension, zurück auf den traurigen Boden der Erdenrealität mit dem dort herrschenden essenziellen …

Argumentationsnotstand

Inwieweit ist in dieser irdischen Dimension eine aktive ge-samtlebensbejahende gottgewollte Bewältigung schwerer Er-denlebensphasen möglich? Kann es eine solche im materialis-tisch orientierten Verstandesdenken überhaupt geben? Ist es da nicht verwunderlich, wenn infolge Unkenntnis der geistseeli-schen Weiterexistenz nach dem Körpertod bzw. der nachtodlich bestehen bleibenden Verantwortung für alles Tun und Lassen im Erdenleben gar nicht versucht wird, sogenannte schwere Erdenlebensphasen im Hinblick auf ihnen zugrunde liegende selbstverschuldete geistseelische Ursachen zu hinterfragen und durch deren bewusstes Annehmen, Ertragen und gottgewolltes Bewältigen einen persönlichen geistseelischen Entwicklungs- und Reifungsprozess zu vollziehen? Wenn stattdessen alles dar-angesetzt wird, aus so einer Situation ganz einfach zu flüchten? Die Leidensphase selbstbestimmt abzukürzen? Das Erdenleben vorzeitig zu beenden? Die für dieses Erdenleben zur Seelenrei-fung noch nutzbare gottgeschenkte Zeit einfach „wegzuwer-fen"? Durch Selbstmord? Durch Helfenlassen zum Selbstmord? Durch passive Euthanasie? Durch aktive Euthanasie?

Wer entscheidet in solchen Erdenlebensphasen über den Wert des Lebens? Wer setzt die Wertmaßstäbe? Nach welchen Beurteilungskriterien? Äußeren oder inneren? Materiellen oder geistseelischen? *Und wer will jetzt Leben auslöschen? Lässt sich vom Schöpfer erschaffenes Leben überhaupt auslöschen?* Kann denn Energie vernichtet werden?

Selbstverständlich könnte nun der Einwand kommen, dass – wenn bzw. weil Energie nicht vernichtet werden kann – auch nach einer vorzeitigen, „selbstbestimmt" (oder vielmehr fremd-bestimmt durch Suggestionen negativer Geistwesen!) veran-lassten Beendigung des Körperlebens „man ja ohnehin sofort irgendwo anders und irgendwie weiterexistiert". Richtig! – Aber wo? Und wie?

Erdenlebensschule-Schwänzer und Erdenlebensschule-Abbrecher

Wird die durch eigenes Zutun herbeigeführte *vorzeitige Beendigung der gottgeschenkten Erdenlebenszeit* und damit eigenmächtige „Programmabkürzung" der sich vor dieser Inkarnation selbst vorgenommenen Seelenreinigungs- und Seelenreifungsarbeit *nicht zum Bumerang?* – Weil die im Erdenkörper „geschwänzte" geistseelische Entwicklungsarbeit nachgeholt werden muss und die „sich diesmal nicht mehr ausgegangene", versäumte Fehlerbereinigung unter Umständen einer neuerlichen grobstofflichen Inkarnation auf einer materiellen Weltenstufe bedarf; können doch gewisse Verfehlungen nicht in einer höheren Dimension wiedergutgemacht werden. Und je nachdem, wie weit der vorgenommene Erdenlebenslehrstoff abgearbeitet wurde – hoffentlich nicht nur zu einem ganz geringen Teil – sieht dann die dementsprechend erreichte jenseitige Lebensebene aus. Ja, „wir existieren ja ohnehin sofort irgendwo anders und irgendwie weiter ..." nach unserem Körpertod, das ist schon richtig! Aber es liegt an uns selbst und unserem Erdenlebenswandel, ob wir eine lichte oder weniger lichte jenseitige Lebensebene erreichen oder gar noch einmal in einem grobstofflichen Körper auf einer materiellen Lebensebene antreten müssen, zum Nachholen des nicht gelernten Lehrstoffes. Immer wieder! Bis wir es geschafft haben, und zwar freiwillig!

„Seelsorge"

Und wer nun glauben sollte, auf eine recht bequeme Art eine lichtere jenseitige Wohnstätte erlangen zu können, indem er sich „sicherheitshalber" noch schnell von all seinen menschlichen Fehlern und Schwächen vom Krankenhausseelsorger lossprechen lassen will – nimmt dennoch seine in diesem Erdenleben verabsäumte Seelenreinigungsarbeit unerledigt mit hinüber ins Jenseits, möglicherweise als Wiederholungsprogramm im Lehrplan für einen notwendigen nächsten Einverleibungsturnus auf einem materiellen Planeten.

Wie wertvoll erweist sich hingegen wahre Seelsorge im Sinne eines wahren Sorgens für die Seele zu deren Reifung, einer Ermunterung zur Arbeit an sich selbst, eines liebevollen Kümmerns um den kranken Menschen mit seiner kranken Seele! *Bedarf es dazu wirklich nur* beruflich oder therapeutisch im Verstandesdenken *ausgebildeter „Experten"?* Welch geistig kraftvolle Schwingung kann z. B. in Ordensspitälern verspürt werden, wenn geistliche Schwestern im Sinne von „ora et labora" – „Bete und arbeite!" – ihre immer wieder erbetenen und erhaltenen Gebetskräfte in ihren mitmenschlichen Pflegedienst einfließen lassen! Da fließen doch viele erbetene Heilenergien für die umsorgten kranken Menschen zu deren gottgewollt Bestem! Auch jeder Krankenbesuch kann Seelsorge im weitesten Sinne sein, wenn sich der Besucher mit Herzenswärme, ehrlicher Anteilnahme und gutem Zuspruch ans Krankenbett setzt. Speziell in recht „sterilen Kliniken" lässt sich dabei beobachten, wie die Patienten im Beisein lieber Menschen förmlich aufleben, aufblühen – ganz einfach durch deren vom Schutzengel übertragene Ausstrahlung.

Angesichts der für viele kranke Menschen doch oft recht unbefriedigend bleibenden Betrachtung der Therapieangebote und Hilfsmöglichkeiten aus dem Repertoire einer überwiegend am materialistischen Verstandesdenken orientierten Medizin sei im Folgenden einmal die ganz essenzielle Frage nach dem möglichen tieferen Sinn der Krankheit gestellt, aus der geistwissenschaftlichen Perspektive beleuchtet, und jeder Leser für sich selbst recht herzlich eingeladen zu einem vertiefenden Mitdenken und verinnerlichenden Betrachten, vielleicht zur Selbstreflexion:

Die Botschaft der Krankheit

Was will mir die Krankheit eigentlich vermitteln? Unerfreulich ist sie, die Krankheit, unangenehm und unliebsam, manchmal auch nur lästig. Unbehagen und Unsicherheit löst sie oftmals aus, Angst und Furcht weckt sie nicht selten, erdenlebensbedrohlich und den Erdenkörper kostend kann sie sein … Wie schwer solche Erdenlebensphasen des Leides und des Leidens auch zu ertragen und wie mühselig sie zu bewältigen sein mögen …, oft und oft ist es gerade die Krankheit, die heilsam für die Seele wirkt, heilend, Heil-bringend. Dann nämlich, wenn sie mich endlich aufrüttelt zum Nachdenken und zum Umdenken, wenn ich endlich dem bislang ungehört (oder überhört?) gebliebenen Ruf der Seele folge, dem Ruf nach Beachtung und Beherzigung meines mir selbst vorgenommenen Inkarnationsplanes, der Reifung meiner Seele!

Aufrüttelungsversuch

Aufrütteln will sie mich also, die Krankheit, zum Erkennen mancher persönlicher Fehler und Schwächen, selbst gesetzter ungünstiger Seelenprägungen, noch unbeachtet und unversorgt gebliebener Seelenwunden! Und gefolgt sein soll dieses Erken nen von meiner ehrlichen Bereitschaft zur tatkräftigen Arbeit an mir selbst, um mich endlich davon zu befreien, was ich mir in meinen Vorleben und auch schon in diesem Erdenleben an Verfehlungen und Belastungen zugezogen habe, um eingegangene Bindungen zu lösen und begangene Lieblosigkeiten wiedergutzumachen. Auf zur Änderung meiner Gesinnung – hin zum Gottgewollten, zum positiven, gottgewollten Denken, Wollen, Fühlen, Reden und Tun!

Die Seele ist es also, die über die Krankheit um Hilfe ruft, denn sie will ja befreit werden von ihren Wunden, die ich ihr einmal selbst zugefügt habe! So betrachtet kann eine Krankheit tatsächlich zum Heilmittel für die Wunden meiner Seele werden, dann nämlich, wenn ich endlich, endlich hinhöre und zuhöre, was sie mir sagen will, die Seele über die Krankheit! Und das Gehörte auch umsetze!

Horchen wir einmal genau hin, was uns eine Krankheit sagen will! Versuchen wir einmal die Botschaft so einer leidenden Seele zu entschlüsseln, die sie uns über ihr Sprachrohr Krankheit vermitteln will!

Als Beispiel dazu diene uns …

… ein Magengeschwür: Der Magen schmerzt, der Magen brennt. Diät alleine hilft nicht ausreichend. Der Arzt wird konsultiert, diagnostiziert eine überschießende Magensäureproduktion als ätzende Ursache für das Geschwür und verordnet magensäurehemmende Medikamente. Diese helfen auch. Die Schmerzen klingen ab. Das Magengeschwür heilt ab. Die Medikamente können wieder abgesetzt werden – zumindest einstweilen. Denn bald schon kann der Krankheit zweiter Akt folgen: Der Magen schmerzt, der Magen brennt.

Wer nun dem Schmerz und Brennen wieder, und zwar nur mit Dosiserhöhungen, Kombinationspräparaten oder Medikamentenwechsel zu Leibe rücken möchte, dem sei geraten, sich doch zusätzlich auf das Beobachten und Analysieren seiner Seelenregungen jeweils im Vorfeld des Auftretens seiner Magenbeschwerden zu verlegen:

Selbstreflexion

Gab es etwa zu dieser Zeit gehäuft mir noch unbewusste Anlässe, die mein vielleicht ohnehin ungeduldiges und reizbares, cholerisches „Grundnaturell" zu besonders heftigen Reaktionen von Ärger, Zorn, Jähzorn, Wut und Streitlust usw. herausgefordert haben? Oder hat sich mein krankhafter Ehrgeiz und Überperfektionismus ins schier Grenzenlose gesteigert? Haben möglicherweise Prüfungsangst und Lampenfieber, Aufregung und Nervosität in verschiedenen Stresssituationen meine Nerven völlig überreizt? Habe ich immer wieder überempfindlich und überempfindsam reagiert? Angerührt und leicht beleidigt wie eine Mimose? Habe ich mich kränken lassen? Fühle ich mich ungerecht behandelt oder beurteilt, in meiner Ehre verletzt oder bloßgestellt? Und bin ich deswegen verhärmt, verbittert, unversöhnlich? Kann ich einfach nicht vergeben, nicht verzeihen? Nicht wieder gut sein? Nie mehr wieder gut sein? Oder, oder, oder?

Seele-Körper-Beziehungen

Dass natürlich so intensive disharmonische Gedanken und Gefühle ungünstige Seelenprägungen hervorrufen und sich die daraus resultierende Seelendisharmonie über unser hochempfindliches Nervensystem auch auf die körperliche Ebene auswirken kann, darauf soll in diesem Zusammenhang unbedingt hingewiesen werden. Was passiert, wenn solche disharmonischen Seelenschwingungen auf den Solarplexus, das Sonnengeflecht, treffen, auf dieses so feine und sensible Nervengeflecht im Oberbauch, das normalerweise auch für ein geordnetes Funktionieren und Zusammenspiel der nachgeschalteten Bauchorgane sorgt? Wenn auf einmal auftauchende Störimpulse zu ganz unkoordinierten Reaktionen führen? Etwa zu Koliken mit krampfartigen Schmerzen oder einer beschleunigten Stuhlpassage mit Durchfall? Oder zu einer gesteigerten Magensäureproduktion mit ätzender Wirkung auf die Magenschleimhaut bis hin zu einer Gastritis oder einem Magengeschwür? Der Magen schmerzt, der Magen brennt …

Seelenhygiene

Was will es mir also sagen, das Magengeschwür? *Was will sie mir sagen, die Krankheit?* Zum Überdenken meines Erdenlebens will sie mich anregen; zum Überdenken verschiedener Situationen, die in meinem Erdenleben immer wieder auftauchen; ganz bestimmter Situationen nämlich, in denen ich immer in einer ganz bestimmten Art und Weise reagiere, fehlreagiere, seelendisharmonisch, also – geistig gesehen – nicht richtig reagiere. Zur Seelenforschung will sie mich anregen! Zum Erkennen meiner ungünstigen Gedanken und Gefühle, schlechten Gewohnheiten, Charakterschwächen und Untugenden, lieblosen Worte und Handlungen in meinem Erdenlebensalltag usw.! Aufrütteln will sie mich, die erkannte Notwendigkeit zur Gesinnungsänderung auch in die Tat umzusetzen, in die gute Tat, in die gottgewollte Tat!

Wer sich bemüht, ungünstige Seelenprägungen zu bereinigen und sein Denken, Fühlen, Wollen, Reden und Handeln, ja seine ganze Lebensweise zu verbessern, trägt Wesentliches zur Reifung seiner Seele bei, die ihrerseits wiederum mit ihrer dann harmonischeren Seelenenergieschwingung die Harmonisierung und Gesundwerdung bzw. Gesunderhaltung des Körpers fördert.

Selbstverständlich kann die vorübergehende Unterstützung durch verschiedene Medikamente notwendig und auch angezeigt sein. Wenn dabei zugleich die Bereitschaft zur Seelenreinigungsarbeit besteht und auch umgesetzt wird, dann wird sich die materielle Arznei als wirksame Überbrückungshilfe im körperlichen Genesungsprozess erweisen und es wird zu keinem Rückfall kommen – es sei denn als Folge eines neuerlichen Rückfällig-geworden-Seins in die alten Seelenschwächemuster.

Jedem Menschen, der aufgeschlossen und bereit ist, über einen tieferen Sinn, den tieferen Sinn seiner Schmerzen, Beschwerden oder Schwierigkeiten nachzudenken, sich über die Begrenzungen des materialistischen Verstandesdenkgebäudes hinauszuschwingen, hinaufzuschwingen in eine geistig höhere Dimension und um geistige Hilfe bittet und betet – wird geholfen!

Nicht mein Wille geschehe …

Bekanntlich war es nicht der Wille des Schöpfers, dass seine Geschöpfe seine Liebesgesetze übertreten und abfallen, sondern das war einzig und allein der wahrlich unvernünftig und lieblos eingesetzte freie Wille jedes einzelnen Geschöpfes. Wie oft haben wir im Laufe unserer Gesamtexistenz unseren Ego-Willen zu unserem großen Nachteil und nachfolgenden Leid eingesetzt, gegen den Willen des Schöpfers, gegen seine Ordnungsgesetze und gegen seine Liebe! Wäre es nicht endlich, endlich an der

Zeit, unseren jetzt nur mehr bedingt freien Willen freiwillig wieder dem Willen unseres allweisen und allliebenden himmlischen Vaters zu unterstellen und uns wieder in die Ordnung Gottes einzugliedern? *Kann dazu die Krankheit nicht auch einen* längst überfälligen, dringend notwendigen, *Not-wendenden Impuls geben?* Endlich wieder den Willen des Schöpfers als absolut weise, absolut gerecht, aber auch unermesslich barmherzig und unendlich liebevoll anzuerkennen und zu beherzigen?

… sondern der Wille des Schöpfers!

Jeder vernünftig und liebevoll denken wollende Erdenmensch wird jetzt wohl verstehen, dass es in jeder (auch noch so schwierigen) Lebenssituation am hilfreichsten für ihn ist, seinen himmlischen Vater um die Hilfe zu bitten, die im Willen Gottes die beste für ihn ist. Nicht wieder den eigenen Ego-Willen mit seinen Ego-Wünschen und Ego-Vorstellungen durchsetzen wollen, keine Ego-Vorschläge oder Ego-Vorgaben an den Schöpfer: „Ich hätte es gerne, dass so und so geholfen wird …" Nein! Nicht so, sondern: „Himmlischer Vater, bitte hilf mir! In deiner Allweisheit weißt du, was für mich in dieser Situation das Beste ist. Dein Wille geschehe an mir und durch mich! Danke!"

Richtig gelesen: „Danke!" Denn mit jeder aufrichtig und ehrlich an den Schöpfer gerichteten Bitte sollen wir auch in innigem Vertrauen darauf gleich unseren Dank für die Erhörung unseres Gebetes zum Ausdruck bringen. Warum? Weil doch jede ehrliche Bitte um Hilfe vom Schöpfer stets erhört, aber in seinem Willen und in seiner Ordnung erfüllt wird, und zwar so, wie es für den Bittsteller zu seinem geistseelisch Besten ist. Die Gebetserhörung im Willen des Schöpfers mag nicht immer den menschlichen Erwartungen entsprechen und wird mitunter auch nicht das sofortige Verschwinden von Schmerzen, Beschwerden, Funktionsstörungen oder Krankheiten bewirken – wenn so manche Leidenszeit eben noch für die weitere Reifung der Seele „benötigt" wird. Es kann sogar sein, dass die Gebetserhörung vom bittenden Menschen gar nicht im Sinne einer Gebetserhörung wahrgenommen wird, weil er (noch) keine äußerlich über die Körpersinne feststellbaren Veränderungen, Verbesserungen, Heilungsprozesse registrieren kann.

Gott hilft immer!

Vergessen wir aber nicht, dass körperliche Krankheiten stets als Folge vorausgegangener innerer, seelischer Verstimmungen, Disharmonien auftreten, und deshalb wahre Heilung, Heilwerdung denselben Weg – wieder von innen nach außen – nehmen muss! *Können wir da nicht doch auf einmal eine gewisse Linderung und Besserung* im Gesamtbefinden *verspüren?* Wieder mehr Kraft zum Tragen und Bewältigen der ganzen Situation und zum Durchhalten? Können wir da nicht die eine oder andere Inspiration unseres lieben Schutzengels zur Bereinigung so mancher bis jetzt noch unbefriedet gebliebenen zwischenmenschlichen Situation registrieren? Zu einer Entschuldigung, einer Versöhnung, einer guten Aussprache mit Nahe- oder auch Fernerstehenden?

Aber auch jenseitige Geistwesen mit bestimmten Aufgaben auf dem großen Gebiet der geistigen Heilung, wie z.B. Geistärzte oder Geistpsychologen, können „von drüben aus" an der Harmonisierung unserer leidenden Seele mitarbeiten und – wenn es aufgrund unserer erfolgten Gesinnungsänderung zum Gottgewollten und des Nicht-Vorliegens geistiger Hinderungsgründe gesetzmäßig möglich ist – auch zur Gesundung unseres Erdenkörpers beitragen. Denken wir nur an so manche für irdische Ärzte oft unerklärliche „Spontanheilung" bzw. für Nicht-

Mediziner schlichtweg „Wunderheilung"! Es sind dies aber aus geistwissenschaftlicher Sicht keine Wunderheilungen, sondern ganz einfach Heilungen, die einer höheren geistigen Gesetzmäßigkeit folgen, als auf unserer geistig niederen Erdenweltenstufe bekannt, erkennbar, erklärbar, beweisbar ist.

Die Bitte an den Schöpfer um Hilfe soll von einem tiefen geistigen Glauben, felsenfester Überzeugung und unerschütterlichem Vertrauen in deren Erfüllung getragen sein; und nicht durch ungeduldiges Erwarten oder Herbeisehnen einer ganz bestimmten Ego-Willen-Lösung „gestört" oder gar unmöglich gemacht werden; und auch nicht dauernd mit neuen und anderen Ego-Willen-Wünschen „umformuliert" bzw. ergänzt werden. Jeder hochkommende Zweifel an der Hilfe des Schöpfers schwächt bzw. „löscht" die Erfüllbarkeit unserer Bitte. Wie würde übrigens der irdische Empfänger eines Briefes, in dem wir uns mit einem bestimmten Anliegen an ihn gewendet haben, reagieren, wenn wir ihn unaufhörlich mit Nachfragen oder Änderungswünschen bombardieren? Jedes Mal müsste die Bearbeitung unseres Anliegens neu begonnen werden, mit allen inhaltlichen und zeitlichen Konsequenzen. Und wie würde jener Adressat wohl gar auf unser Infragestellen seiner Kompetenzen oder Fähigkeiten reagieren?

Dein bester Freund und Helfer

Sobald sich ein Erdenmensch geistig erhebt in seinem Suchen nach geistigen Antworten, in seinem Streben nach geistiger Erkenntnis, löst dieser sein Ruf um „Hilfe von oben" eine unvorstellbare Welle geistiger Unterstützung aus. Ausgeübt wird diese Hilfsbereitschaft im geistig-göttlichen Gesetz der Solidarität der Geistwesen, indem der Höher-Entwickelte dem Niederer-Entwickelten freiwillig und in Liebe selbstlos dient, also der Erkenntnisstärkere dem Erkenntnisschwächeren, der Energiereichere dem Energieärmeren, der in der geistigen Hierarchie jeweils Höherrangige dem jeweils Niedererrangigen usw. Und so sind es an erster Stelle unsere lieben Schutzengel, die im geistigen Solidaritätsgesetz uns Erdenmenschen dienen.

An dieser Stelle sei einmal eine Lanze für unsere lieben Schutzengel gebrochen: Sie haben nämlich unserem bisherigen hauptsächlich irdisch-weltlich orientierten Treiben, unserem geistig oft recht unachtsamen, ja unbewussten, immer wieder in Äußerlichkeiten abgleitenden Erdenlebenswandel und unseren damit einhergehenden seelischen Fehlreaktionen nicht etwa tatenlos zugesehen, ihre Schutzengelhände quasi untätig in den Schutzengelschoß gelegt oder sich höchstens ihre Schutzengelhaare gerauft und dabei gelangweilt zugewartet, ob bzw. bis ihre Schützlinge endlich geistige Hilfe erbitten würden. Nein! Sie waren im Vorfeld unseres erst allmählich erwachenden geistigen Interesses schon lange Zeit eifrigst bemüht, alle ihnen mögliche, verfügbare und zulässige Register aus ihrem Schutzengel-Repertoire zu ziehen, um ihre Schützlinge endlich in die gottgewollte Entwicklungsrichtung zu motivieren! *Aber haben wir auf ihre Inspirationen, Eingebungen gehört?* Haben wir uns für ihre Ratschläge interessiert? *Haben wir von ihrer Existenz überhaupt gewusst?* Sind wir davon überzeugt?

Welch Freude für jeden Schutzengel, wenn du, sein Schützling, endlich willentlich die Bitte um geistige Hilfe äußerst oder gar an ihn persönlich richtest! Alles ihm gesetzmäßig Mögliche wird er in Bewegung setzen, keine Gelegenheit versäumen, um dich in deiner geistseelischen Entwicklung zu fördern und dir auch gottgewollte Energien für dein Wohl in seelischer und körperlicher Hinsicht zuzuführen, was natürlich nicht zwingend bedeutet, dass deine Schmerzen, Beschwerden und Krankheitssymptome damit sofort aus der Welt geschafft sind. Aber über sein Wirken – über seine liebevollen Inspirationen in dafür aufnahmebereiten Lebensphasen deinerseits …, über geistig geführte Begegnungen mit Mitmenschen, die zur rechten Zeit die geistig und menschlich richtigen Worte finden für aufschlussreiche geistige Erläuterungen und dir ermutigende Ratschläge geben …, über ein Aufmerksam-Machen auf geistig weiterführende Broschüren oder Bücher …, oder über die Übermittlung von Traumbotschaften und viele andere Zugangswege zu deinem geistigen Bewusstsein … – ist auf einmal dein Interesse geweckt, dich mit dem eigentlichen Sinn deiner Krankheit auseinanderzusetzen: *Warum bin ich krank geworden? Welche Ursachen habe ich selbst dafür gelegt? Was hindert mich am Gesundwerden?* Was sind die Blockaden? An welchen seelischen Prägungen, Bindungen und Belastungen muss ich arbeiten, um sie auflösen zu können? Welche Vorbedingungen sind noch zu erfüllen, um wahre Heilung erlangen zu können? Und wozu habe ich denn diesen schweren, beschwerlichen und Beschwerden machenden grobstofflichen Erdenkörper, dessen „Ablaufdatum" mir zwar schon in die Wiege gelegt ist, aber dennoch wie ein Damoklesschwert über meinem ganzen Erdenleben schwebt? Wozu eigentlich dieses Erdenleben? Wozu überhaupt das Ganze? *Was hat das alles für einen Sinn?*

Absolute Sicherheitsgarantie

Unter dem Eindruck dieses Perspektivenwechsels von der materialistischen Betrachtungsebene hinauf in die geistige Dimension ändern sich natürlich auch viele bisher im Erdenleben gültige Wertmaßstäbe. So manche vermeintlich beständigen Werte und verlässlichen Sicherheiten erweisen sich als schwankende Relativitäten und geraten auf einmal ins Wanken, ins Trudeln oder versinken ins Nichts. Es bedarf also wahrlich einer Um- und Neuorientierung auf einer absolut sicheren Basis!

Und wer ist der einzige Garant absoluter Sicherheit? – ???
Unser Schöpfer!

2. ABSCHNITT

Welche Rolle spielst du?
Und wer bist du wirklich?

Deine geistige Visitenkarte

Wer bist du denn eigentlich? – Erdenmensch! – Derzeit Erdenmensch, das ist schon richtig. Diese Rolle des Erdenmenschen spielst du allerdings nur für die kurze irdische Zeitspanne deines Erdenlebens. *Aber wer bist du wirklich?* – Im Grunde bist du auch jetzt, als Erdenmensch, ein Geistwesen! Und das bist du schon seit deiner geistigen Erschaffung vor urdenklichen Zeiten und über deinen Körpertod hinaus weiter in alle Ewigkeit! Du bist und bleibst ein Kind Gottes ganz unzerstörbarer Natur, unauslöschlich, unvergänglich, ewig lebend und ewig geliebt von unserem allliebenden himmlischen Vater! Du trägst ja einen Funken seines göttlichen Liebeslichtes in dir: den Gottesurlichtfunken!

Dein Geist

Mit diesem Gottesurlichtfunken, also deinem Geist, wurdest du als freies, reines, leuchtendes, einmaliges, einzigartiges und ewig lebendes Kind Gottes von deinem himmlischen Vater ins Leben gerufen. Er ist dein Lebensspender! Denn nur Gott kann Leben erschaffen! Und zu deinem Leben gab er dir auch Energie und Bewusstsein, dazu die sogenannten göttlichen Attribute – Vernunft, Liebe und freier Wille –, allerdings in Keimform, mit der Bestimmung, dich zu deiner persönlichen Geistwesenvollkommenheit zu entwickeln, also Gott ähnlich vollkommen zu werden.

Deine Seele

Da der Schöpfer nur rein Geistiges, Unwandelbares, Unveränderliches, Ewiges erschaffen kann und der Gottesurlichtfunke nicht außerhalb des Schöpfers existieren kann, muss er – um nach außen, in sein eigentliches persönliches Wirkfeld treten zu können – umhüllt bzw. eingekleidet werden. Und so erhielt auch dein Gottesurlichtfunke eine Umhüllung, eine Einkleidung: deine Seele. Von wem? Von Christus! Im Willen des Schöpfers hat Christus mit seinem Christuslicht deinen herausschwingenden Gottesurlichtfunken umhüllt. Warum Christus? Christus, der eingeborene Sohn Gottes, ist das erste und in der geistigen Hierarchie höchste von Gott erschaffene Geistwesen, das einzige direkt aus dem Schöpfer hervorgegangene und dem Schöpfer ähnlichste Geschöpf. Und so haben nur der Schöpfer und als einziges Geschöpf Christus kein Dual, sondern vereinigen in sich das Vater- und Mutterprinzip.

Deine Geistseele

Alle nach Christus ins Leben getretenen Geistwesen erhielten vom Schöpfer den Gottesurlichtfunken oder Geist, von Christus das Christuslicht als Gottesurlichtfunken-Hülle oder Seele, und wurden einem Dualpartner zugeführt. Beides, Geist und Seele, die Geistseele, war bei deiner Erschaffung rein. Und diese deine reine Geistseele hättest du im Willen Gottes unter Anwendung der vom Schöpfer in Keimform erhaltenen göttlichen Attribute sowie der von Christus erhaltenen reinen Seelenkräfte in dem dir vorgezeichneten Geistseelenplan zu ihrer Vollkommenheit entwickeln sollen. Hättest du sollen! Leider, leider und nochmals leider hast du es aber nicht getan!

Dein geistiger Lebenslauf

Leider hast du der Bestimmung des Schöpfers zu deiner persönlichen Vervollkommnung nicht Folge geleistet, sondern die göttlichen Liebesgesetze missachtet und übertreten. Dadurch hast du deine Geistes- und Seelenkräfte nicht im Willen Gottes zu deiner geistseelischen Entwicklung und Seelenreifung eingesetzt und damit veredelt, sondern dich von den Versuchungen, Verführungen, Täuschungen und Verblendungen negativer Geistwesen aus der Gefolgschaft Satans irreführen und zum Abfall von Gott verleiten lassen. Leider, leider hast du nicht gottgewollt gelebt und gewirkt, sondern bist eigene Wege gegangen ...

Die Folgen deines Abfalls von Gott

Was ist in der Folge mit dir geschehen? Mit dir Geistwesen? – Mit deinem Gottesurlichtfunken ist gar nichts geschehen, denn er stammt vom Schöpfer. In deinem Gottesurlichtfunken warst, bist und bleibst du ein ähnliches Ebenbild des Schöpfers! Was vom Schöpfer ausgegangen ist, bleibt stets rein und unbefleckt, ist unwandelbar und unveränderlich in alle Ewigkeit, egal wie viele Verfehlungen gegen die Liebesgesetze Gottes auch erfolgt sein mögen und hoffentlich nicht noch weiter erfolgen. Und als Kind Gottes kannst du dich niemals von deinem Schöpfer trennen, denn über den Gottesurlichtfunken bleibst du ja untrennbar, ewig mit ihm verbunden! So ist der Gottesurlichtfunke eines Geistwesens, auch wenn es abgefallen ist, immer der gleiche wie bei dessen Erschaffung. Selbst der Gottesurlichtfunke von Satan in den tiefsten Höllensphären ist der gleiche wie bei dessen Erschaffung als hoher Lichtengel Luzifer, als zweiterschaffenes Kind Gottes.

Also gut, mit deinem Gottesurlichtfunken ist im Zuge deines Abfalls gar nichts geschehen, aber mit deiner Seele, diesem feinstofflichen, fluidalen, so feinen, zarten Energiefeld, ist dabei etwas geschehen …, und zwar Gewaltiges!

Lasterseele

Leider hast du durch deine wiederholten Übertretungen der Liebesgesetze des Schöpfers deine Seelenstruktur zu deinem Nachteil – zur Lasterseele – verändert: Jede einzelne Verfehlung, Belastung, Bindung, Lieblosigkeit usw. hat deine Seelenstruktur ungünstig beeindruckt, negativ geprägt, schwingungsmäßig verdichtet. Du hast sozusagen regelrechte „Schutt- und Geröllhaufen aus Seelenschmutz und Seelenmüll" um deinen Gottesurlichtfunken herum „aufgetürmt", wodurch dieses stets strahlende Urlicht des Schöpfers jetzt in seiner Strahlkraft nach außen „verdunkelt" ist und in deiner unrein gewordenen Seele nicht mehr ungehindert leuchten kann. Infolgedessen ist jetzt auch dein geistiges Bewusstsein verdunkelt, getrübt. Und mit jeder neuen Verfehlung nimmt deine geistige Erkenntniskraft weiter ab. Immer schwächer wird somit auch die Fähigkeit zur Anwendung des Vernunftdenkens, zum Wirken in den geistig-göttlichen Liebesgesetzen und zum gottgewollten Einsatz deines einst freien und jetzt nur mehr bedingt freien Willens. Immer schwächer wird auch die Energie deiner Seele. Und diesen Zustand der Gottferne empfindest du jetzt oft als Getrennt- und Verlassensein.

Irgendwann schließlich empfandest du diesen qualvollen Zustand deiner mit Lieblosigkeiten noch und noch belasteten Seele als derart unerträglich, konntest du dieses Empfinden von Getrennt- und Verlassensein in der Gottferne nicht mehr aushalten und warst endlich, endlich bereit, deine Gesinnung zu ändern:

Du wolltest wieder hinaus aus dem Gefangenenlager Satans, freikommen aus seiner Zwangs- und Gewaltherrschaft, dich nicht mehr hinters Licht führen lassen von seinem Blendwerk, seinen Verlockungen, Vorgaukelungen, Täuschungen, Lügen, Intrigen usw.

Tugendseele

Und wer ist der Garant dafür, dass dein inneres Sehnen nach geistiger Freiheit Erfüllung finden kann? – Jesus, der Christus! Er hat durch seine Gott gehorsame und getreue Umsetzung des Heils- und Befreiungsplanes des Schöpfers dir und allen abgefallenen Geistwesen das Tor zur Freiheit geöffnet! Durch demütiges Bitten um Kraft und Hilfe, durch deine ureigenste Arbeit an dir selbst (an deiner Seele) und durch Beherzigen und Verwirklichen des Liebesgebotes – Gott über alles zu lieben, den Nächsten und dich selbst – kannst du dir endlich wieder mehr Seelenenergie erringen.

Bei deiner Seelenforschungs-, Seelenreinigungs- und Seelenreifungsarbeit wirst du zunächst einmal gröbste Verfehlungen erkennen können. Und um Kraft und Hilfe bitten, um sie wiedergutmachen zu können. Und kleine selbstlose Liebeswerke tun. Und damit seelenenergiereicher werden. Und fortschreitend immer feinere Verfehlungen erkennen können. Und sie immer wieder wiedergutmachen. Und immer mehr und größere selbstlose Liebeswerke tun. Und dir somit immer mehr und mehr Seelenenergie selbst erarbeiten. So kannst du Schicht um Schicht deine dir selbst geschaffene Lasterseele reinigen, die Entwicklung deiner Tugendseele in Richtung persönlicher Vervollkommnung fördern und Schrittchen für Schrittchen auf deinem Rückweg in deine geistige Heimat gehen – am trittsichersten in der unbeirrbaren Nachfolge Jesu Christi, stets mit dem Ziel vor Augen: Näher mein Gott zu dir!

Dein irdischer Lebenslauf

Und warum steckst du Geistseele jetzt in einem grobstofflichen, materiellen Körper? *Wieso bist du jetzt Erdenmensch?* – Hast du etwa im Zuge deines Abfalls von Gott dein Seelenkleid so negativ geprägt, belastet, verdichtet, dass eine Wiedergutmachung gewisser Verfehlungen nur auf einer grobstofflichen materiellen Lebensebene möglich und dafür ein ähnlich grobstoffliches materielles Körperkleid notwendig geworden ist? Ist dein Erdenkörper jetzt sozusagen jene ganz dichte Hülle, die du aufgrund deines aktuellen Seelen-Unreife-Zustandes und deiner derzeit so schwachen geistseelischen Entwicklungsstufe für deine weitere Seelenreifung brauchst?

Dein Körper

Dein grobstofflicher, materieller Körper für dieses Erdenleben besteht aus grobstofflichen, materiellen Bausteinen von „Mutter Erde", bereitgestellt von deinen irdischen Eltern. Diese Eltern hast du dir vor dem Antritt dieses Erdenlebens selbst ausgesucht! Unterstützt und beraten wurdest du bei der Auswahl deiner Erdeneltern und ebenso beim Aufbau deines Erdenkörpers, wie auch bei der Erstellung deines Erdenlebensplanes von deinem lieben Schutzengel und eigens dafür zuständigen jenseitigen Geistwesen.

Jedes inkarnierende Geistwesen baut sich seinen Körper nämlich selbst auf, und zwar nach seinem ganz individuellen persönlichen Inkarnationsplan, um in diesem Arbeitskleid die

sich für dieses Erdenleben selbst vorgenommenen Seelenreini-
gungs- und Seelenreifungsaufgaben erfüllen zu können!

Kein Planungsfehler!

Da kann es natürlich schon vorkommen, dass aufgrund verschiedener Verfehlungen und Belastungen aus dem einen oder anderen Vorleben – zur Wiedergutmachung bzw. zum Abtragen – ein
nicht perfekt gestaltetes, ein nicht makelloses, ja vielleicht ein
fehlerhaftes oder sogar fehlgebildetes Körperkleid aufgebaut
wird, und zwar vom inkarnierenden Geistwesen selbst. Mit seiner Zustimmung! Mit seinem Einverstandnis! Ganz beabsichtigt! Ganz gewollt! Vorsätzlich! Selbstverständlich mit einer
entsprechenden geistigen Vorbereitung auf dieses Erdenleben
in „so einem ..." (beeinträchtigten, behinderten, nicht funkti-
onstüchtigen, verunstalteten usw.) Körper und der freudigen
Zustimmung zur Absolvierung „so eines ..." (belasteten, er-
schwerten, eingeschränkten, komplizierten usw.) Erdenlebens.
So ein Geistwesen hat ja erkannt, dass seine weitere Seelenreifung im Jenseits gewissermaßen blockiert ist, wenn es sich nicht
von einem bestimmten hinderlichen „Seelengeröllbrocken" in
einer „ganz speziellen" grobstofflichen, materiellen Inkarnation
befreit. Denn für diesen ausstehenden Seelenreifungsprozess ist
gerade „so ein ..." Erdenkörper (zu dessen Beeinträchtigung es
aber je nach individuellem Inkarnationsplan auch erst zu irgend-
einem späteren Zeitpunkt im Erdenleben zum Beispiel durch
einen Unfall oder eine Erkrankung kommen kann) genau das
richtige, passende, nötige dienstbare Werkzeug – bei Betrachtung aus der geistigen Perspektive und der Vorausplanung in der
jenseitigen Lebensdimension ...
    Kaum wurde die geistig fürsorglich vorbereitete Erdenin-
karnation in „so einem ..." Erdenkörper angetreten, kann sich

der Erdenmensch aufgrund des dichtstofflichen Körperkleides, durch dessen materielles Gehirn er jetzt verstandesmäßig denkt, gesetzmäßig nicht mehr an seinen Geistseelenplan, an seine eigene jenseitige Einwilligung, an sein Ja zu diesem Erdenleben erinnern – und hadert nur allzu oft mit den körperlichen Beeinträchtigungen, Behinderungen, Gebrechen, Krankheiten oder einfach nur Schönheitsmakeln … Sieht er nun die vielen, vielen Mitmenschen mit relativ „normal" gestalteten Körpern, werden ihm vermutlich immer wieder so ähnliche Gedanken durch den Kopf gehen wie: *„Warum gerade ich?* Ich möchte auch so einen gesunden Körper haben, ich möchte auch so leben können wie die anderen Menschen!" Denn er ist ja eingetaucht in eine materielle Welt, in eine Welt aber nicht nur der Materie an sich, sondern heute mehr denn je konfrontiert mit der zeitgeistigen materialistischen Gesinnung, dem Verstandesdenken und Verstandesdünkel, der Körperidentifikation und dem Körperkult usw., wie im 1. Abschnitt ausführlich beleuchtet.

Nach diesem kurzen Abstecher zu doch eher seltenen, ganz speziellen Inkarnationsvarianten kehren wir wieder zurück zur allgemeinen Betrachtung der Bedeutung des Erdenkörpers aus geistwissenschaftlicher Sicht:

Dein Erdenkörper als Werkzeug deiner Geistseele

Dein Erdenkörper ist also das Werkzeug deiner Geistseele, um auf dieser Erde leben und deine Seele reinigen und zu einer gewissen Reife bringen zu können. Und jedes Werkzeug wird seinen Dienst am besten verrichten können, wenn es für diese Aufgabe auch dementsprechend achtsam verwendet, sorgsam behandelt, gereinigt und gepflegt wird. Deshalb bedarf dein Körper deiner Beachtung und Aufmerksamkeit sowie deines vernünftigen und liebevollen Umganges. Dazu zählen bekanntermaßen z. B. die Gewährleistung einer ausgewogenen, vollwertigen, möglichst lebendigen Ernährung, eines harmonischen Ausgleichs zwischen Arbeit und Erholung, Bewegung und Entspannung, von ausreichend Ruhe und Schlaf (vor Mitternacht!), der erforderlichen Reinigung, Reinhaltung und Pflege usw., aber auch ein freiwilliges Verzichten darauf, was deinen Körper übermäßig strapaziert oder vorzeitig verschleißen lässt, auf Übermäßigkeiten aller Art, Schädigungen durch Genussmittel, Sucht- und Rauschgifte, kurzum: eine einfache, ausgewogene, maßvolle, naturnahe, vernunftgemäße Lebensweise. Nicht als wertlos sollst du ihn betrachten noch behandeln, nicht als minderen Knecht ausnützen oder gar als rechtlosen Sklaven ausbeuten. Nein! Eher als eine edle Violine, auf der du als Geigenspieler das Musikstück deines Erdenlebensplanes so lange übst, bis du es beherrschst. Indem du deinem Erdenkörper Wertschätzung und Dankbarkeit für seine Dienste erweist, misst du ihm den richtigen Stellenwert als Werkzeug für deine geistseelische Entwicklung zu, und er wird dir gerne ein getreuer Diener sein.

Wechselwirkungen Geistseele – Körper

Der Geist (= Gottesurlichtfunke) ist „der Beleber", die Seele ist „der Beweger", beide sind untrennbar miteinander verbunden, eben zur Geistseele. Um auf dieser dichtstofflichen Erde leben und wirken zu können (um Verfehlungen abzutragen bzw. wiedergutzumachen und dabei zu reifen), braucht die Geistseele also einen materiellen Körper als Träger, als Arbeitskleid.

Dieser materielle Körper kann aber ohne Geistseele nicht existieren, denn er wird von ihr ja „belebt und bewegt", er erhält von ihr ja seine Lebensenergie. Zwar benötigt er auch möglichst reine Luft, sauberes Wasser und lebendige Nahrung als Schwingungselemente von Mutter Erde für seinen Aufbau und Erhalt als Geistseelen-Träger, vorrangig bedarf er jedoch der feinstofflichen Lebensenergiezufuhr von der Geistseele her. Wenn die Geistseele nach der Beendigung eines Erdenlebens beim sogenannten Körpertod des Erdenmenschen den materiellen Körper verlässt, ist dieser dann logischerweise alleine nicht mehr lebensfähig. Daraus erhellt einmal mehr, dass der Erdenmensch nicht mit dem Erdenkörper gleichzusetzen ist, sondern mehr sein muss und auch mehr ist als der Körper!

Würde nun versucht werden, so eine „leere" Körperhülle auf einer noch so spezialisierten Intensivstation maschinell zu beatmen, über Infusionen zu „bewässern" und mit speziell adaptierten Nährstoffgemischen künstlich zu ernähren – mit rein mechanisch-materiellen Maßnahmen kommt keine Geistseele wieder in den verlassenen Körper zurück, wird also kein toter Erdenmensch wieder lebendig, wenn die Silberschnur durchtrennt ist. Diese Silberschnur verbindet wie eine fluidale Nabelschnur den Erdenkörper mit der ihn lebensenergieversorgenden Geistseele während der vom Schöpfer gewährten und zugemessenen Erdenlebensspanne. Danach löst sich dieser grobstoffliche Körper gesetzmäßig in seine irdischen Bestandteile auf, die dann dem Erdenplaneten, von dem sie ausgegangen sind, wieder anheimfallen.

Und was passiert mit der Geistseele? Sie hat nur ihr vorübergehend angezogenes Erdenkörper-Arbeitskleid wieder ausgezogen und lebt ohne jegliche Unterbrechung sofort in einer jenseitigen Lebensebene weiter. Wie diese jenseitige Lebensebene oder „Wohnung" beschaffen ist, hängt allerdings vom Seelenreifegrad ab, wird also entscheidend davon mitgestaltet, wie sehr das abgelaufene Erdenleben zur persönlichen geistseelischen Entwicklung genützt wurde – oder wie wenig.

Denn das Erreichen einer schöneren oder weniger schönen jenseitigen Sphärenstufe nach diesem Erdenleben ist nicht

Schicksal, Zufall oder Willkür, sondern folgt geistig-göttlichen Gesetzen: Je mehr Seelenreifung du dir durch Arbeit an dir selbst erringen kannst (durch Wiedergutmachung von Verfehlungen, durch Fehlerbereinigungen, durch Werke der Nächstenliebe usw.), umso lichter wird die jenseitige Sphärenstufe sein, in die du nach deinem Hinüberwechsel gelangen kannst. Bei einer erreichten höheren geistigen Entwicklungsstufe wirst du dich von dort aus in nur mehr geistigen Lebensebenen weiter persönlich vervollkommnen können – ohne je mehr einen grobstofflichen Körper als Arbeitskleid anlegen und damit in eine materielle Weltenstufe eintauchen zu müssen …

Energieversorgung

Zurück zum Erdenkörper und seiner Energieversorgung von der Geistseele her: Jeder Techniker weiß doch, dass die Versorgung mit minderwertigem Kraftstoff oder Treibstoff die Funktion eines Fahrzeuges ungünstig beeinflusst, die Zufuhr hochwertiger Energie hingegen funktionsfördernd wirkt.

Analog dazu verhält es sich mit den (Aus)Wirkungen der geistseelischen Energien auf den Körper: Geistseelische Energiemangel- oder Energieschwächezustände infolge von z.B. noch nicht wiedergutgemachten Verfehlungen, ungelösten Belastungen und Bindungen, vorhandenen Untugenden und Charakterschwächen oder durch unkontrollierte negative Gedanken- und Gefühlsaussendungen oder anderen zugefügte Lieblosigkeiten wirken funktionsbeeinträchtigend, funktionsmindernd auf den Körper und können – wenn sie seelisch nicht gelöst werden – sogar die Entstehung von Krankheiten hervorrufen oder begünstigen bzw. die Heilung bereits vorhandener Krankheiten beeinträchtigen, hemmen oder verhindern.

Im Gegensatz dazu wirkt sich eine gereifte, höherentwickelte Geistseele im Sinne eines kräftigen, harmonischen Energiefeldes mit einer dementsprechend kräftigen und harmonisierenden Ausstrahlung auf die sie einkleidende Körperhülle aus. Harmonische Schwingungen von der Geistseele her wirken sich auf den Erdenkörper also harmonie- und damit gesundheitsfördernd, gesundheitserhaltend, ja heilend aus.

Kurz und bündig: Alle Energie kommt einzig von Gott! Dein Gottesurlichtfunke ist dein Energiespender. Durch deinen Abfall von Gott hast du dir selbst diese Energiequelle immer unzugänglicher gemacht und bist dadurch immer energieärmer und energieärmer und energieärmer geworden. Dadurch bist du eigentlich disharmonisch = „krank" geworden. Zuerst seelisch und dann vielleicht auch körperlich. *Worin liegt also der Ansatz zu deiner Heilung, zu deinem Heilwerden?* – In deinem Bemühen, dir durch Arbeit an dir selbst wieder einen besseren Anschluss an diese göttliche Energiequelle, den Gottesurlichtfunken, zu verschaffen, und somit wieder energiereicher und geistseelisch gesünder zu werden, im Idealfall auch körperlich. Dann ist dein Gottesurlichtfunke von der Energiequelle auch zur Heilenergiequelle geworden. Er ist ja dein innerer Heiler!

Ja, und warum wissen das alles nur so wenige Erdenmenschen? – ???

3. ABSCHNITT

Ein Blick hinter die Kulissen

Das große Nichtwissen

Warum aber wissen das alles nur so wenige Erdenmenschen? Fassen wir nochmals kurz zusammen:

- Dass wir Kinder Gottes sind, im Gottesurlichtfunken nach seinem ihm ähnlichen Ebenbild erschaffen, vor urdenklichen Zeiten als reine Geistwesen mit der Bestimmung zu unserer persönlichen Vervollkommnung ins Leben gerufen und unzerstörbar, unauslöschlich, unsterblich und ewig lebend.

- Dass wir aber leider vom Schöpfer abgefallen und durch unsere freiwillige Gefolgschaft in die Abhängigkeit satanischer Mächte geraten sind; dass uns Jesus Christus mit seinem Befreiungswerk das Tor aus deren Zwangsherrschaft heraus geöffnet und mit seiner Liebeslehre den Weg vorgezeigt hat, wie wir durch Wiedergutmachung unserer selbstverschuldeten Verfehlungen über immer lichtere jenseitige Lebensebenen schließlich wieder in unsere geistige Heimat zurückkehren können; dass wir dabei im geistig-göttlichen Solidaritätsgesetz der Geistwesen von Scharen lichter geistiger Freunde und Helfer unterstützt werden und uns in der Gnade und Barmherzigkeit Gottes viel Hilfe zuteilwird, wenn wir darum bitten; dass in der Gerechtigkeit Gottes aber auch Versucher-Geistwesen mit ihren raffinierten Verführungstaktiken an uns herantreten dürfen, um uns, ihre ehemaligen Anhänger und Sympathisanten, wieder zurückzulocken in ihr Reich der Finsternis.

- Dass wir dieses Erdenleben selbst gewählt haben und als gottgeschenkte Chance antreten durften, um uns von gewissen geistseelischen Bindungen und Belastungen befreien zu können, wofür eben unsere Inkarnation auf diesem dichtstofflichen Erdenplaneten notwendig ist; dass dieses Erdenleben aber nicht fälschlicherweise mit unserer geistseelischen Gesamtexistenz verwechselt werden soll, von der es nur ein ganz kurzer, für unsere Seelenreifung jedoch sehr wichtiger Abschnitt ist.

- Dass unser grobstofflicher Erdenkörper in diesem Erdenleben das genau für diese Seelenreifung notwendige Werkzeug unserer Geistseele ist; und nicht Selbstzweck; und schon gar nicht für unsere eigentliche Geistseelen-Persönlichkeit gehalten werden soll; dass ich eben nicht der Körper bin!

- Dass Leiden oder Erkrankungen des Körpers die Folgen von seelischen Disharmonien sind, und diese wiederum die Folgen unserer Verfehlungen; dass Krankheiten uns somit beim Erkennen und Auflösen unserer ungünstigen Seelenprägungen helfen sollen.

- Dass die eigentliche Ursache unserer Energieschwäche und unseres Leidens unser Abfall von Gott ist und in Umkehrwirkung jeder einzelne von uns freiwillig gesetzte Schritt auf unserem Rückweg – näher mein Gott zu dir – energiestärkend und heilungsfördernd wirkt; dass unser Gottesurlichtfunke nicht nur unser Lebensenergiespender, sondern auch die Quelle unserer Heilenergien ist, unser innerer Heiler.

- Dass um jedes von Gott abgefallene und wieder rückkehrwillige Geschöpf Gottes, also auch um uns Erdenmenschen, ein Kampf zwischen Licht und Dunkel tobt, zwischen geistigem Licht und geistiger Finsternis, zwischen den Gott treuen und gehorsamen Helfern Christi und den Vasallen Satans; dass jeder Erdenmensch in jedem Augenblick seines Erdenlebens selbst darüber entscheiden könnte, ob er mit seiner gottgewollten oder nicht-gottgewollten Gesinnung zur Reifung oder zur Belastung seiner Seele beiträgt und somit zu seinem Heil oder Unheil.

- Dass unsere schon unvorstellbar lange währende geistseelische Vorexistenz mit allen Inkarnationen auf halbmateriellen und grobstofflichen Weltenstufen zwar im „geistigen Bewusstsein" unserer Geistseele gespeichert ist, sich jedoch einer direkten Abrufbarkeit im Verstandesdenken über unser Körpergehirn entzieht; dass wir uns infolgedessen im „irdischen Bewusstsein", dem Tagesbewusstsein unseres Erdenalltagslebens, weder an unsere seinerzeitigen Verfehlungen (auch nicht an unsere bereits erworbenen Verdienste) noch an unseren uns für diesmal vorgenommenen Inkarnationsplan erinnern können.

- Dass wir Erdenmenschen entsprechend unserer geistseelischen Entwicklungsstufe in unserem Erdenleben alle notwendigen und gesetzmäßig möglichen Hilfen erhalten, um geistige Wahrheiten erfahren und unser Erdenleben zu unserem geistigen Aufstieg nützen zu können, wenn wir es wollen und wir darum bitten.

- Dass es für die nach Ursache, Sinn und Zweck ihres Erdenlebens fragenden und suchenden Erdenmenschen zu allen Erdenzeiten Offenbarungen geistig-göttlicher Wahrheiten gibt – übermittelt im Auftrag Christi von Boten Gottes über Gott und Christus treu und gehorsam dienende Propheten,

Mittler oder Medien – mit klärenden Antworten und geistigen Orientierungshilfen.

Fragen über Fragen

Warum wissen das alles trotzdem nur so wenige Erdenmenschen? *Warum sind die Menschen so gefangen und abgelenkt*
in ihrem äußeren Wohlleben, *dass nur so schwer Gedanken*
aufkeimen können über den geistigen Sinn und Zweck ihres
Erdenlebens? Über die geistigen Ursachen ihrer Probleme und
Schwierigkeiten im Erdenleben? Ihrer seelischen und körperlichen Disharmonien, die wir Krankheiten nennen? Dass den Erdenmenschen vorgegaukelt werden kann: „Du lebst nur ein Mal.
Es gibt nur dieses eine Erdenleben und dann nichts mehr. Du bist
der Körper. Und mit dem Körpertod hörst du auf zu existieren.
Es gibt dich dann nicht mehr." Und so weiter …? *Wer könnte*
Interesse daran haben, dass das alles nur so wenige Erdenmen-
schen wissen?

Wem könnte damit gedient sein, wenn möglichst viele Erdenmenschen so einer völlig materialistischen Lebenseinstellung
frönen, wo der Körper zum Ein und Alles erhoben wird und alles
irdische Tun und Lassen (vermeintlich) jeglicher nachtodlichen
Verantwortung entbehrt? Wenn sich der Lebenszweck im Kräf-
teeinsatz für (von wem?) vorgegebene Programme erschöpft;
im Mitschwimmen oder Treibenlassen in „(be)herrschenden"
Strömen; im Haben-, Besitzen- und Erreichen-Müssen aller
zeitgeistig diktierten Güter; im sofortigen Erfüllen-Müssen oder
Erfüllt-bekommen-Müssen aller erdenklichen materiellen Wünsche; im Befriedigen-Müssen jedweder Gelüste, Begierden und
Verlangen als augenscheinlich eigene Bedürfnisse; im unkon-
trollierten In-den-Tag-Hineinleben und Ausleben all dessen, was
einem (von wem suggeriert?) „so einfach in den Sinn kommt";

im Mithalten-Müssen in allen (von wem bestimmten?) äußeren Vorgaben, Erwartungen, Trends usw.?

Wer könnte einen Vorteil daraus ziehen, wenn möglichst viele Erdenmenschen sich nur an diesen äußeren, so unterschiedlichen und rasch wechselnden, so kurzlebigen und wenig beständigen, so kräftezersplitternden und kräfteraubenden Programmen orientieren, anstatt sich zu verinnerlichen und ihre wertvollen Seelenkräfte zur Reifung ihrer Seele einzusetzen, einen kleinen Schritt in Richtung ihres Ewigkeitslebenszieles zu tun, zur dereinstigen Erreichung ihrer ganz einmaligen und einzigartigen persönlichen Vollkommenheit?

Wer könnte einen Gewinn lukrieren, wenn die Erdenmenschen weiter ihre Untugenden ausleben, anstatt sie auszumerzen, ihre Seele weiter belasten, anstatt sie zu reinigen, ihre Seelenkräfte weiter nach außen verschleudern, anstatt sie für ihre innere geistseelische Entwicklung einzusetzen, die große Chance eines – dieses – Erdenlebens wieder einmal vertun, anstatt sie für ihren geistseelischen Aufstieg und vielleicht zur endgültigen Befreiung aus dem Rad der Wiedergeburt zu nützen?

Wer sind denn die geheimen Drahtzieher?

Wieder sind es die Mächte der Finsternis! So, wie damals, damals beim Abfall. Genauso! Damals wurden wir von Satan und seinen Vasallen dazu verlockt, unsere geistige Heimat zu verlassen, indem sie uns vorgaukelten, „mehr" oder „anderes" bekommen zu können; „Besseres", „Interessanteres", „Vielfältigeres" usw.; „kein Befolgen-mehr-Müssen göttlicher Gesetze" und daher die scheinbar große, große „Freiheit ohne Verantwortung" usw. Und jetzt wollen sie uns mit denselben Strategien eben nicht in unsere geistige Heimat zurückkehren lassen!

Leider haben wir uns damals blenden und täuschen lassen und wurden im wahrsten Sinne des Wortes „hinters Licht" geführt, vom Licht weg, in die geistige Finsternis. Freiwillig haben wir den Verführern Gefolgschaft geleistet und sind von Gott abgefallen. Aber jetzt woll(t)en wir doch zurück! Und dazu, für unseren Rückweg und geistigen Aufstieg, woll(t)en wir doch gerade dieses Erdenleben nützen! *Und warum tun wir es dann so wenig und warum fällt es uns jetzt so schwer?* – Weil die Bösewichte mit ihren raffinierten Machenschaften uns Erdenmenschen schon wieder blenden und täuschen, und abhalten wollen von der Erfüllung unseres uns vorgenommenen Inkarnationsplanes zu unserer geistseelischen Entwicklung im Erdenleben!

Und wer sind die Nutznießer, Profiteure, Schmarotzer?

Warum haben die Dunkelmächte so großes Interesse an uns Erdenmenschen? – Weil sie uns an der Rückkehr in unsere geistige Heimat hindern wollen; weil wir Erdenmenschen ihre ehemaligen Sympathisanten und Anhänger waren; weil sie uns als „Energielieferanten" oder Kräfte-Sponsoren missbrauchen; weil sie ganz gierig nach unseren Seelenkräften sind; weil wir über unsere Seelenschwächen und Untugenden für sie leicht „anzapfbar" sind; weil sie uns als ihre „Melkkühe" oder „Tankstellen" nicht verlieren wollen; weil sie ihre eigenen Lebenskräfte bereits vergeudet haben.

Zur Wiederholung: Je weiter ein Kind Gottes in die geistige Finsternis abgefallen ist, also je mehr Übertretungen der Gesetze Gottes, je mehr Verfehlungen, Lieblosigkeiten es begangen hat, umso mehr hat es seine Seele verdichtet und somit seinen Gottesurlichtfunken verdunkelt, und umso energieschwächer ist dieses Geschöpf geworden, weil der Gottesurlichtfunke ja der

Lebensenergiespender ist. Aber mit jeder Reinigungs- und Rei-
fungsarbeit an seiner Seele trägt so ein abgefallenes Kind Gottes
ein bisschen zur Auflösung seiner Seelenprägungen bei, sodass
der Gottesurlichtfunke wieder ein bisschen mehr durchstrahlen
kann, und es ist wieder ein bisschen energiereicher geworden.
Die Dunkelmächte haben ihre eigenen Lebenskräfte bereits
verprasst. Also brauchen sie jetzt andere Energiequellen für ihr
gottfernes Treiben. Und da kommen eben (auch) wir Erdenmenschen als willkommene Kräftelieferanten für sie infrage. –
Warum?

Der Kampf um jeden Erdenmenschen

Dieser Erdenplanet ist nicht nur eine noch sehr niederentwi-
ckelte grobstoffliche Weltenstufe, sondern auch der Herrscher-
sitz von Satan selbst (weswegen das Heils- und Befreiungswerk
Jesu Christi ja auf diesem Planeten stattfinden musste). Viele,
viele belastete inkarnationswillige Geistwesen wollen gerade
hier ihre Verfehlungen wiedergutmachen, Läuterungsarbeiten an
ihrer Seele verrichten und sich endgültig aus dem Rad der materiellen Wiedergeburt befreien, um ihre weitere geistseelische
Entwicklung in lichteren jenseitigen Lebensebenen vollziehen
zu können, ohne neuerliche Notwendigkeit einer grobstofflichen
Körperhülle und ohne mehr dem Zugriff der Dunkelmächte mit
deren Versuchungen und Verführungen wie auf Erden ausgesetzt
zu sein. Denn je höher die errungene geistseelische Entwicklungsstufe, umso lichter die erreichbare jenseitige Lebensebene und desto geringer die „Einflussnahme"-Möglichkeiten der
Mächte der Finsternis.
    Wen wundert es also, wenn rückkehrwillige Erdenmenschen
dem Herrn der Tiefe ein besonderer Dorn im Auge sind? – Weil
sie sich seinem Einflussbereich und dem Zugriff seiner Anhän-

ger immer mehr entziehen könnten, wenn sie ihren Inkarnations-plan gottgewollt erfüllen. Und weil sie ihm für die Zukunft als bequeme Energielieferanten abhandenkommen könnten, wenn sie im Erdenleben lernen, ihre Lebenskräfte für die Reifung ihrer Seele zu verwenden und nicht über negative Beeinflussungen nach außen zu verschleudern.

Sieht nun Satan dem möglichen Entkommen-Können von ehemaligen Sympathisanten unter den jetzigen Erdenmenschen etwa tatenlos zu? Nein, ganz im Gegenteil! Seine äußerst bewährten Strategien bringt er zum Einsatz und bewirkt damit auf leider recht effiziente Art und Weise, dass sich möglichst viele Erdenmenschen wieder in den Maschen seiner raffiniert ausgelegten Fangnetze verstricken und darin hängen bleiben, anstatt endlich, endlich freizukommen. Ein breit gefächertes Repertoire wahrhaft teuflischer Pläne hat der Herr der Tiefe auf Lager, mit denen er in gewissen Hauptstoßrichtungen gegen den geistseelischen Fortschritt der Erdenmenschen vordringt, und zwar sowohl jedes einzelnen Erdenmenschen als auch der gesamten Erdenmenschheit.

Zapfsäule Untugenden

Im Auftrag des Schöpfers ist jedem Erdenmenschen in seinem Erdenleben ein Schutzengel zur Seite gestellt, der in den Inkarnationsplan eingeweiht ist und seinem Schützling beisteht, Fehler und Schwächen zu überwinden, Belastungen und Bindungen zu lösen, Liebeswerke in Gedanken, Worten, Taten und Gebeten zu vollbringen, die Seelenkräfte zur Seelenreifung zu verwenden und sich damit gesetzmäßig höherzuentwickeln. In der Gerechtigkeit Gottes ist es aber auch zugelassen, dass die Erdenmenschen von der dunklen Seite versucht werden dürfen, was im Auftrag des Herrn der Tiefe geschieht. Diese übelgesinnten Wesenheiten wollen die Erdenmenschen am geistigen Fortschritt hindern und wieder zu Fall bringen. Am besten funktioniert das über das Packen an den noch nicht abgelegten Untugenden und Charakterschwächen, die dabei quasi zum Trittbrett für diese negativen Trittbrettfahrer werden.

Dazu ein praktisches Beispiel aus dem Erdenleben, um zu veranschaulichen, welche Angriffstaktiken zur Anwendung gebracht werden, worauf wir achtgeben soll(t)en und wie wir uns schützen könn(t)en.

Vom Kritisieren …

Nehmen wir an, ein Erdenmensch hat sich bereits ein hohes Maß an Pflichtbewusstsein, Zuverlässigkeit, Gewissenhaftigkeit, Ordnungsliebe, Verlässlichkeit, Ehrlichkeit, Genauigkeit, Hilfsbereitschaft und anderen Tugenden erworben bzw. erarbeitet, leidet jedoch z.B. an einer noch ziemlich ausgeprägten Seelenschwäche des Kritisierens, des Beurteilens und Verurteilens und kritisiert, beurteilt und verurteilt dementsprechend oft und gerne. An die Seelenkräfte eines solchen Erdenmenschen werden die Versucher-Spezialisten demnach leichter herankommen können, wenn sie ihn zum Kritisieren anzustacheln versuchen, als wenn sie sämtliche Register ihrer Verführungskünste aufbieten müssten, um dasselbe z.B. über ein Schwachwerden in seinen sich bereits erarbeiteten Tugenden zu erreichen. Sobald ein Erdenmensch negativ kritisiert, belastet er sich, vergeudet Seelenenergie nach außen, und diese Kraft kassieren die Bösewichte. Je heftiger und zersetzender das Kritisieren ausfällt, umso mehr Kraft gelangt in die dunklen Kanäle.

Sicherlich – und das ist wiederum ein wunderbarer Ausdruck der Liebe, Barmherzigkeit und Gerechtigkeit Gottes! – hat sich dieser geistseelisch zwar schon etwas gereifte, aber eben noch recht krittelsüchtige Erdenmensch in Absprache mit seinem lieben Schutzengel in der jenseitigen Planung seines Erdenlebens vorgenommen, gerade seine Kritiksucht „dieses Mal in den Griff zu bekommen" und sich von dieser Untugend endlich zu befreien. *Was benötigt also dieser Erdenmensch in seinem Erdenleben?* – Natürlich viele Gelegenheiten zum Üben, um seine Kritiksucht einerseits erkennen und andererseits auch ablegen zu können. Viele lästige Situationen im Erdenleben, die ihn „normalerweise" zum Kritisieren herausfordern, könnte er jetzt zum Beherrschen-Lernen seiner Kritiksucht nützen.

… zur Toleranz

Eine Anregung zur Übungserleichterung: Dieser Erdenmensch sollte zuallererst um Kraft und Hilfe von oben bitten, um sich von seiner Kritiksucht befreien zu können und stattdessen Toleranz üben zu lernen gegenüber all jenen, von denen er sich zum Kritisieren herausgefordert fühlt. Dann könnte er Schritt für Schritt lernen und üben, in den betreffenden Situationen statt negativer be- und verurteilender Gedanken, Gefühle und Worte vielmehr rücksichtsvolle, harmonische, friedvolle, ja liebende Schwingungen auszusenden. Je öfter dieser Erdenmensch in den Versuchungen zum Kritisieren geistig erfolgreich widersteht, umso weniger Lebenskraft verschleudert er nach außen bzw. lässt er sich rauben. Mit den sich dabei jedes Mal erarbeiteten Seelenkräften wird er selbst immer energiereicher, und mit der allmählichen Umwandlung seiner Untugend Kritiksucht in die Tugend Toleranz wird es ihm irgendwann gelingen, auch diese Eintrittspforte für die Trittbrettfahrer zu schließen. Bravo!

Sollte dieser Erdenmensch noch eine anspruchsvollere Stufe an Seelenreifungsarbeit anstreben, so könnte er in weiterer Folge auch um Erkenntnishilfe zur Einsicht und um geistige Unterstützung, um Harmonie und Frieden für alle seine Mitmenschen bitten, die ebenfalls zum negativen Kritisieren neigen, also für die

Nörgler, Haderer, Rechthaber und Besserwisser. Und auf einer nächsten Stufe sogar für die Bösewichte, über die nämlich solche streitbaren Situationen angezettelt werden, dass auch ihnen zur Gesinnungsänderung zum Gottgewollten verholfen wird. Das ist gelebte selbstlose wahre Nächstenliebe! Ist die Liebe doch die größte Kraft im Universum! Und die freiwillig verschenkten Liebeskräfte werden verstärkt von oben, von den Mächten des Lichtes, und helfen allen Beteiligten zur Seelenreifung.

Der widerwillige Diener

So sind die Drahtzieher des Gegensatzes mit ihren Verführungskünsten und Boshaftigkeiten zum widerwilligen Diener für den geistigen Aufstieg dieses Erdenmenschen geworden! In der göttlichen Gerechtigkeit ist es also zugelassen, dass wir auf unserer jeweiligen geistigen Entwicklungsstufe von adäquat „zumutbaren" Versucher-Geistwesen versucht werden. Dabei können wir nämlich lernen, uns der uns noch anhaftenden Untugenden bewusst zu werden und uns davon sukzessive zu befreien, indem wir unseren bedingt freien Willen konsequent nicht für das Dunkle, sondern für das Lichte einsetzen. Denn mit jeder an uns herangetragenen Versuchung, in der wir nicht fallen, der wir nicht nachgeben, sondern in geistseelischer Standhaftigkeit widerstehen, beweisen wir unseren Willenseinsatz für Gott und Christus und werden ein klein wenig seelenenergiereicher. Sollen doch unsere guten Vorsätze, die wir für dieses Erdenleben geschmiedet haben, im Feuer der Prüfungen gehärtet werden! Jedenfalls wird die zukünftige jenseitige Lebensebene, die wir nach Beendigung unseres Erdenlebens erreichen können, nicht bemessen sein nach unserem geistigen Wissen, sondern nach unserem Tun!

Übrigens können wir mit unserem Widerstehen in den Versuchungen sogar zur geistseelischen Entwicklung der Versucher-Geistwesen mit beitragen. Haben die Dunkelmächte doch die Chance, an unserer geistig erfolgreichen Abwehr ihrer Angriffe zu erkennen, dass es da Kräfte gibt, die stärker sind als die ihren, dass das Licht mächtiger sein muss als ihr finsterer Gebieter. – Und sie erhalten damit einen Anreiz zur möglichen Änderung ihrer eigenen Gesinnung: Heraus aus dem Herrschaftsbereich Satans!

Unterschiedliche Lehrmethoden

Zurück zu unserem Krittler und seinen geistigen Lern- und Übungsaufgaben: Nur wenn dieser Erdenmensch nicht bereit ist, über die vielen hilfreichen (weil zum Kritisieren herausfordernden) Lebenssituationen seine geistseelischen Lektionen des Untugend-Abbaus zu lernen, könnte in der Liebe Gottes zu seinen Kindern eine andere „Lehrmethode" zugelassen werden, um ihn aufzurütteln; eine schmerzhaftere vielleicht; vielleicht über eine Krankheit; etwa über ein Magengeschwür … Und das ist keine Strafe Gottes, wohlgemerkt, sondern immer von seiner Liebe getragen! Denn Gott will ja unseren geistigen Fortschritt! Und wenn wir auf kleine Anstöße nicht reagieren, bedarf es eben stärkerer, um uns aus unserer Lethargie herausholen zu können, immer unter Wahrung unseres bedingt freien Willens.

Niemand anderem sollen wir die Schuld an unseren Beschwerden, Schmerzen oder Krankheiten zuschieben wollen! Weder unserem Schöpfer (der ja nie und nimmer ein strafender, sondern ein uns über alles liebender Vater ist!), noch einem uns nicht behagenden Verhalten von Mitmenschen, auch nicht den Genen unserer irdischen Blutsverwandten.

In einem solchen Stadium des Lernprozesses setzt dann nur allzu leicht die nächste Gegensatz-Strategie ein, um den – jetzt körperlich kranken – Erdenmenschen den Zusammenhang zwischen dem Magengeschwür (= körperliche Folge) und seiner Kritiksucht (= seelische Ursache) nicht erkennen zu lassen. Das funktioniert ja insofern recht einfach, zumal von der äußeren Welt in vorwiegend materialistisch-naturwissenschaftlich dominierten Gesundheitssystemen üblicherweise für den Patienten recht wenig Anreiz kommt zum Nachdenken, zum Verinnerlichen, zur Seelenforschung usw.

Viele auf einen Streich

Daraus erhellt, dass – bei Betrachtung aus der satanischen Perspektive – die Effizienz wesentlich gesteigert werden kann, wenn nicht nur viele einzelne Menschen individuell beeinflusst werden müssen, sondern über eine strategische Influenzierung und Umpolung ganzer Systeme eine große Zahl Erdenmenschen auf einmal, mit einem Schlag oder von einem einzigen ganz gezielt abgeschossenen „Giftpfeil" getroffen werden kann; und damit von der geistig zielführenden Erfüllung ihres Inkarnationsplanes abgehalten und an der gottgewollten Nutzung ihres Erdenlebens zur Seelenreifung gehindert. *Ist es da nicht lohnenswert, sich mit den Machenschaften der eigentlichen Drahtzieher* hinter den Kulissen dieser erdmagischen Lebensbühne *einmal geistwissenschaftlich auseinanderzusetzen?* Was gibt es da für groß angelegte …

Satanische Stoßrichtungen im Erdenweltgeschehen

Über den Mammon

Immer wenn auf dieser Erde Gott, unser aller Schöpfer, durch „andere Götter" = Götzen ersetzt wird, geht es mit den Erdenmenschen geistig gesehen bergab, in den Irrgarten Satans.

Als einst die Israeliten um das Goldene Kalb tanzten und es anbeteten, Götzendienste verrichteten und in die Vielgötterei abglitten, erging an sie die Mahnung des Schöpfers durch den Mund des Propheten Mose: „Ich bin der Herr, dein Gott!" mit dem Gebot: „Du sollst neben mir keine anderen Götter haben!" (vgl. Ex 20,2 f.) *Und was ist nicht alles zu „anderen Göttern",* zu zeitgeistigen Götzen, zum Goldenen Kalb *bei den heute lebenden Menschen geworden?* Was zu ihrer lebensbestimmenden Maxime und zum vorherrschenden Ziel ihres Denkens und Strebens? Worauf ist denn ihr Lebenssinn vorrangig ausgerichtet? Woran hängt ihr Herz? Was tragen sie in ihrem Bewusstsein? Wem dienen sie? Ist es Gott … oder ist es der Mammon?

Was verstehen wir geistwissenschaftlich eigentlich unter dem Mammon? – Was man heute als Geld bezeichnet, wurde durch den Einfluss Satans einst in Umlauf gebracht. Es ist an und für sich ein ganz neutraler „Stoff". Jeder Mensch aber entscheidet mit seinem bedingt freien Willen, welchen ganz persönlichen Wert er diesem Stoff, den er erworben, verdient, erarbeitet, erwirtschaftet, erspart, ererbt, gewonnen oder sich auf sonstige Weise angeeignet hat oder aneignen will, zumisst. Freilich kann man damit viel Gutes tun, wenn man es als Leihgabe Gottes betrachtet zur Erfüllung gewisser Notwendigkeiten während der Zeitspanne seines Erdenlebens und es dementsprechend vernünftig verwaltet, nächstenliebend verwendet und gottgewollt damit umgeht. Dann wird es nicht zum Mammon!

Zum Mammon wird es jedoch, wenn Ungutes damit getan wird. Zum Mammon wird es also durch den ungünstigen Wert, der ihm zugemessen wird, durch die negative Motivation, mit der es ersehnt bzw. erworben wird, und durch den schlechten Zweck, zu dem es verwendet wird. Wenn z. B. mit ganzem Sinnen und Trachten nur mehr danach gestrebt wird, womöglich auf Kosten anderer oder sogar unter Anwendung unlauterer, betrügerischer, verbrecherischer Mittel möglichst viel und immer mehr vom heiß begehrten Geld zu erhaschen ..., wenn die Gedanken nur mehr um dieses Geld kreisen, um Wohlstand, Besitz, Vermögen, Reichtum und das damit realisierbare irdische Wohlergehen, inklusive Ansehen und Prestige, Wertschätzung und Hochachtung, Geltung und Macht ..., wenn das Viel-Geld-haben-Wollen zu einer fixen Idee geworden ist, um sich immer mehr suggerierte materielle Wünsche erfüllen und verschiedenste vermeintlich eigene Bedürfnisse und geweckte Begehrlichkeiten befriedigen zu können ..., ganz der Geldgier, der Geldsucht, ganz dem Geldwahn verfallen ... Dann ist es wahrlich zum Mammon geworden! Und wer steckt da dahinter? Der Herr der Materie, der Herrscher dieser Welt – Satan!

Geld regiert die Welt

Es ist immer wieder das Geld, das zum Goldenen Kalb der Menschen geworden ist, um das auch heute getanzt, das verherrlicht und „angebetet" wird, nach dem sie sinnen, streben und trachten! Im Großen wie im Kleinen. Global und individuell. Öffentlich und privat. Unter Einhaltung und Befolgung der irdischen Gesetze oder unter deren Missachtung und Übertretung. Meist aber ohne Kenntnis der geistigen Gesetze und dementsprechenden Folgewirkungen, die solches Sinnen, Streben und Trachten für sie nach sich zieht. Und diese können leider recht bitter sein! Diese Tragödie der Menschheit beschreibt Friedrich Schiller auf Klassisch in einem Gedicht an seine Freunde mit den Worten: „Und es herrscht der Erde Gott, das Geld."[2] Auf gut Wienerisch gesungen klingt es hingegen so: „Nur a Geld, nur a Geld is das Höchste auf der Welt …" Beides ist – geistig betrachtet – zum Weinen, zumal es sich betrüblicherweise im Erdenlebensalltag viel zu oft bestätigt!

Der Herr der Tiefe wusste es von Anfang an so zu lenken, dass die Menschen zunehmend vom Geld abhängig wurden, und er hat mittlerweile das ganze Geldwesen unter seine Kontrolle gebracht, wie seine teuflischen Pferdefußabdrücke im Wirtschafts- und Finanzwesen recht klar erkennen lassen: Kolonialisierung und Sklavenhandel in früheren Zeitepochen, die Einführung des Zinssystems und Kreditwesens, das krasse Missverhältnis in der Güterverteilung zwischen Arm und Reich, zwischen einer materiell übersättigten Konsum-, Überfluss- und Wegwerfgesellschaft in den Industrienationen und den infolge Kreditzinsrückzahlungsunfähigkeit am Rande des Ruins stehenden Dritte- und Vierte-Welt-Ländern, die unbarmherzige weitere Ausbeutung der Ärmsten, der Ressourcen und der Natur, das vehemente Verfolgen einer vermeintlich grenzenlosen Wirtschaftswachstumspolitik, Wirtschaftskriege, Börsenspiele, Finanzspekulationen, Preisdumping und Lohndumping, raffinierte Werbestrategien zur gewinnorientierten Bedarfsweckung und manipulativen Steuerung des Kauf- und Konsumverhaltens, Schnäppchenjagd, Sonderangebote, „Kauf drei – zahl zwei" (obwohl nur eines gebraucht wird und die beiden anderen Produkte hoffentlich nicht

---

[2] Schiller, Friedrich: Schillers Werke in sechs Haupt- und vier Ergänzungsbänden, Erster Band, Schillers Leben / Gedichte, aus: An die Freunde (1802), S. 121 f., Paul Werker (Herausgeber), Verlag von Philipp Reclam jun., Leipzig, ca. 1920

im Müll landen), Lotto und Toto, Spielautomaten, Glücksspiel, Casinos, Erbschaftstreitigkeiten u.v.a.m.

Welche Untugenden lodern dabei auf und werden weiter genährt (anstatt sie auszuhungern und auszumerzen) – Neid, Geiz, Eifersucht, Egoismus, Selbstsucht, Genusssucht, Hartherzigkeit usw. – und wie sehr belasten wir damit unsere Seele? *Wo bleibt da die Nächstenliebe zu unseren Mitmenschen als unsere geistigen Geschwister?* – sind wir doch alle Kinder Gottes! Die Solidarität? Das Teilen? Selbst einmal freiwillig auf etwas verzichten? Miteinander statt gegeneinander? Zum Wohle aller statt „Alles-nur-für-sich-allein-haben-Wollen"?

Liebesdienste um Gotteslohn

Und wer jetzt meint, dass er als Einzelmensch doch nichts gegen den Moloch des Finanzwesens machen könne, weil die Situation ohnehin aussichtslos und irdisch unlösbar geworden sei, sei dennoch aufgerufen, in praktizierender Nächstenliebe je nach seinen ganz persönlichen Möglichkeiten zu helfen: z.B. ein bisschen mehr auf die seelischen Bedürfnisse der eigenen Familie, Kinder, Eltern eingehen und nicht nur deren materiellen Lebensstandard heben wollen …, Zeit nehmen für Krankenbesuche …, im Sinne einer Nachbarschaftshilfe Einkäufe oder Transporte für alte, kranke, gebrechliche Menschen erledigen …, bei gemeinnützigen Projekten für Natur-, Umwelt-, Klima- oder Tierschutz freiwillig mitarbeiten …, für ehrenamtliche Dienste in der Freizeit zur Verfügung stehen …, in einem persönlichen Einsatz vor Ort bei Hilfsprojekten nach Wetter- oder Naturkatastrophen mithelfen …, aber auch die dort tätigen Einsatz-, Rettungs- und Hilfsorganisationen (vielleicht sogar unter Verzicht auf die Erfüllung eines persönlichen materiellen Wunsches) finanziell unterstützen …, und nicht zu vergessen die so dringend notwendigen Gebete für die Ärmsten der Armen, für die von Unheil,

Katastrophen und Schwierigkeiten aller Art Betroffenen, für die Einsatzkräfte und alle freiwilligen Helfer …, aber auch für alle irdisch Einflussreichen und Mächtigen in führenden Positionen, dass sie sich ihrer geistigen Verantwortung für die ihnen „anvertrauten" Mitmenschen, den Erdenplaneten, die Natur usw. bewusst werden und bei ihren Entscheidungsfindungen dementsprechend gottgewollt inspirieren lassen.

Es ist doch jeder kleinste Liebesdienst von geistigem Wert und bewirkt geistig Gottgewolltes, ob wir kleine Menschen es erkennen können oder nicht! Beim Schöpfer geht kein Liebeslichtstrahl verloren, ganz im Gegenteil – er wird „von oben" um ein Vielfaches verstärkt zum Wohle aller, denn Gott lässt sich nichts schenken und die ganze Schöpfung ist ja eine Einheit!

Niemand kann gleichzeitig zwei Herren dienen …

… Gott und dem Mammon. (vgl. Mt 6,24) Wir können nicht gleichzeitig in unserer Geistseele Licht und Finsternis haben, sondern jeweils nur dem einen oder dem anderen den Vorzug geben. Wir können nicht Nachfolger Jesu Christi sein und zugleich Dinge denken, wollen und tun, die seiner Liebeslehre widersprechen. Wir können uns nicht in unserem Innersten nach Ewigkeitsglückseligkeit und Rückverbindung mit unserem himmlischen Vater sehnen und gleichzeitig unsere Seele durch kurzlebige irdische Pseudo-Glücksräusche betäuben lassen, indem wir den verführerischen Götzen und Schätzen dieser Erde dienen. Wir können uns nicht nach Gott sehnen und zugleich nach dem Mammon streben.

Satan, der ehemalige hohe Lichtengel und Lichtbringer Luzifer, der zum tiefstgefallenen Fürsten der Finsternis geworden ist, kann uns jetzt kein geistiges Licht mehr bringen, aber er kann uns über seine Verführungskünste und finsteren Machenschaften Materie, Stoff, Geld, Reichtum, Besitz bringen – damit wir

Menschen glauben sollen, das (und nur das) wäre erstrebenswert, das (und nur das) wäre unser großes Glück. So ist es denn der Mammon, wenn wir ihm dienen und somit unsere Seele belasten, der uns Menschen immer mehr einhüllt und wegbringt von dem Weg, den zu gehen wir uns vorgenommen haben, bevor wir in dieses Erdenleben traten, und der uns vergessen lässt auf die Erfüllung unserer „Lebensaufgabe Seelenreifung"! Sagte nicht Jesus sinngemäß: Was hilft es dem Menschen, wenn er die ganze Welt gewinnt, aber an seiner Seele Schaden erleidet? (vgl. Mt 16,26) Beherzigen wir es und tauschen wir nicht Gott gegen den Mammon!

Die Unterdrückung geistiger Wahrheiten

Wenn die Erdenmenschen fast keine Möglichkeit mehr haben, über Ursache, Sinn und Zweck ihres Erdenlebens geistige Aufklärung zu erhalten, besteht – wieder „von unten" betrachtet – die große Chance, dass viele von ihnen ihr Erdenleben – aus geistiger Sicht – sinn- und zweckentfremdet, sinn- und zweckentartet, sinn- und zwecklos leben. Deshalb trachten Satan und seine Anhänger penibelst danach, jegliche geistige Offenbarungsstelle, wo Boten Gottes im Auftrag Christi über Propheten, Mittler oder Medien geistige Wahrheiten verkünden, auszulöschen. Eine recht effiziente Taktik dafür ist es natürlich, so einen im Willen Gottes dienenden Mittler über verschiedenste raffinierte geistige Angriffe an seinem medialen Wirken zu hindern, außer Gefecht zu setzen bzw. ganz aus der Welt zu schaffen. – So oft und oft geschehen! Und Menschen, die sich um die Aufklärung über geistige Wahrheiten bemühen und für deren Verbreitung einsetzen, werden ihrerseits leider allzu oft angefeindet, verfolgt, mundtot oder einfach „nur" lächerlich gemacht. Wie? – Ganz einfach über negativ beeinflusste Mitmenschen als Helfershelfer

der Dunkelmächte, meist ohne sich dieses Manipuliert-gewor-
den-Seins bewusst zu sein.

Veränderungen und Verfälschungen geistiger Wahrheiten

An vorhandenen schriftlichen Überlieferungen geistiger Wahrheiten, wie zum Beispiel der von Jesus gelehrten Liebeslehre in
verschiedenen Evangelien und vergleichbaren Texten, wurden
im Laufe der Jahrhunderte – wieder über negative Beeinflussung
– immer wieder kleinere oder größere „Änderungen" vorgenommen (wie historisch leicht ersichtlich und nachvollziehbar), leider oft und oft im Sinne von Verdrehungen und Verfälschun-
gen der Wahrheit. Die dabei tätigen Menschen handelten bzw.
handeln wiederum unter dem Einfluss negativer Suggestionen,
meist ohne sich dessen bewusst zu sein. So schlichen bzw. schlei-
chen sich z. B. Übersetzungsfehler ein (unbeabsichtigt von den
Übersetzern, nicht aber von deren negativen Beeinflussern!); der
eine oder andere Satz bedarf vermeintlich einer sprachlichen,
bedeutungsmäßigen oder inhaltlichen Korrektur; das eine oder
andere Wort wird weggelassen; ein anderes hinzugefügt. Dazu
gesellen sich noch unterschiedliche „menschliche" Interessen,
Absichten, Beweggründe, Wünsche, Pläne, Bestrebungen von
Einzelpersonen, Auftraggebern, Sponsoren, Mäzenen, ganzen
Institutionen, Organisationen usw.

Das (bekämpfte) Karma- und Reinkarnationsgesetz

Und siehe da: Auf einmal ist ausgerechnet das von Jesus doch
gelehrte Karma- und Reinkarnationsgesetz einfach abhandenge-
kommen …! *Warum wohl ist gerade dieses Gesetz von Ursache
und Wirkung*, Saat und Ernte, Schuld und Sühne *dem Gegensatz*

so ein Dorn im Auge? Weil mit dem Wissen der Erdenmenschen über ihr Karma – also ihre schuldhaften Belastungen aus ihren Vorleben, die im Jenseitszwischenleben nicht gesühnt werden konnten, sondern so lange der Wiedergeburt auf einem materiellen Planeten bedürfen, bis sie eben dort wiedergutgemacht sind – ja ein Ansporn zur Seelenreifung gegeben wäre. Und das soll nicht sein. Denn Satan will die Erdenmenschen binden, nicht aus dem Rad der Wiedergeburt frei werden lassen, damit sie ihm nur nicht als Melkkühe abhandenkommen. Da sollen sie lieber weiterhin ihre Untugenden ausleben und sich möglichst noch neu belasten! Glücklicherweise ist in der Bibel noch genügend wahrheitsgemäßer Lehrstoff als äußerst hilfreiches Übungs- und Arbeitsmaterial erhalten geblieben, um bei Befolgung der Liebeslehre Jesu (die er wohlweislich nicht selbst schriftlich festgehalten hat, obwohl er lese- und schreibkundig war!) den ganz persönlichen Inkarnationsplan erfüllen zu können, wenn wir nur wollen.

Im Übrigen finden interessierte Leser auch in den heute verfügbaren Bibelübersetzungen noch verschiedene, zugegebenermaßen etwas versteckte Hinweisstellen auf unsere geistseelische und auch körperliche Präexistenz, die von den negativen Beeinflussern der irdischen Bibelübersetzer offensichtlich nicht als solche erkannt oder übersehen worden sind und deshalb deren Fälschungsintentionen glücklicherweise nicht zum Opfer gefallen sind.

Der (wahre) Schlüssel zum Himmelreich

Jene Bibelstelle, wonach Jesus dem Apostel Petrus „den Schlüssel zum Himmelreich" geben will, bedeutet dem inneren geistseelischen Sinne nach – den Schlüssel zum Verständnis der geistig-göttlichen Gesetze, die im Jenseits herrschen: Wenn du dir im Diesseits eine Fessel anlegst, wirst du sie auch im Jenseits zu tragen haben, und wenn du dich im Diesseits von einer Fessel befreist, wirst du auch im Jenseits davon befreit sein. (vgl. Mt 17,19) Also keine Vollmacht-Erteilung an Petrus oder in weiterer Folge an irdisch-konfessionelle Würdenträger, andere Menschen in einem vermeintlichen Auftrag Jesu Christi von deren Sünden freisprechen zu können! Denn alle im Erdenleben erworbenen, entwickelten oder nicht abgelegten unguten charakterlichen Eigenheiten und Wesensmerkmale nimmt die Geistseele des Erdenmenschen beim Hinüberwechsel ins Jenseits mit und behält sie so lange, bis alle selbstverschuldeten Verfehlungen durch Arbeit an sich selbst auch selber wiedergutgemacht und alle eingegangenen Bindungen gelöst sind. Das ist der wahre Schlüssel zum Himmelreich für uns alle: Das freiwillige Lösen aller selbst eingegangenen Bindungen durch Arbeit an sich selbst – und dazu dient unsere „Lebensaufgabe Seelenreifung"!

„Die (doch nicht) ewige Hölle"

Und wen die auf uns geistseelisch noch recht schwach entwickelten Erdenmenschen angesetzten negativen Spezialisten über ihre raffinierten Versuchungen und Verführungen doch zum Straucheln, zum Fallen, zum Abweichen vom Inkarnationsplan gebracht haben, dem droht nicht „die ewige Hölle", die es auf ewig gar nicht geben kann, weil doch unser Schöpfer ein Gott der Liebe ist, der keines seiner Kinder – und sei es noch so tief gefallen, selbst Satan nicht – „verstoßen" wird, schon gar nicht „auf ewig". Unser himmlischer Vater will doch alle seine Kinder wieder bei sich haben!

Hat sich etwa auch hier ein negativ suggerierter Übersetzungsfehler eingeschlichen? Wurde im Zuge der Übersetzungen aus dem griechischen Begriff „Äon" – mit der ursprünglichen Bedeutung einer zwar sehr langen, jedenfalls aber begrenzten Zeitspanne – auf einmal das unbegrenzte „ewig"? Eine ganz unscheinbar wirkende Veränderung, ein einziges Wörtchen – und welch gewaltige Sinnentstellung, welch gewaltiger Bedeutungswandel, welch gewaltige Tragweite! Das ist satanische Raffinesse!

Selbstverständlich bleibt die Notwendigkeit der Läuterung in jenseitigen Läuterungssphären, was für sehr schwer belastete Geistwesen mit „Heulen und Zähneknirschen" verbunden sein kann – aber nicht auf ewig!

Die Verbreitung geistiger Unwahrheiten

Wo die Wahrheit unterdrückt, verdrängt oder verfälscht worden ist, macht sich bekanntlich der Irrtum breit und immer breiter.

Die Irrlehre des Materialismus

Angesichts ihrer bedauerlichen enormen Bedeutsamkeit in der Jetztzeit sei ihr an dieser Stelle unbedingt eine kurze Wiederholung eingeräumt: In völliger Verdrehung, totaler Verkehrung der geistigen Wahrheit – dass jede Art von Materie stets die Folge des Geistigen sein muss und auch ist, weil das Geistige das Primäre war, ist und immer sein wird – wurde von Satan der Materialismus in die Welt gesetzt: eine Weltanschauung, die nach verschiedenen Definitionen nur Kraft und Stoff als Wirklichkeit anerkennt; alle Vorgänge, Ereignisse und Phänomene dieser Welt werden auf die Materie zurückgeführt; selbst die Gedanken, die Gefühle und sogar das Bewusstsein werden als bloße Funktionen des Stofflichen betrachtet; und für die Erklärung dieser Welt und der in ihr ablaufenden Prozesse braucht es auch keinen Schöpfer. Welch geistig verführte, verblendete, im Spinnennetz des Materialismus gefangene, zappelnde Menschheit!

Die Irrlehre: Satan existiere ja gar nicht!

Von ganz besonderer Hinterlistigkeit zeugt auch die in die Welt gesetzte und weitverbreitete Behauptung, dass Satan gar nicht existiere, sondern nur als Allegorie für das Böse in der Welt an sich herhalten müsse, also die Personifikation von etwas gar nicht in Person Existierendem sei. Indem er sich selbst verleugnet, gibt es ihn ja sozusagen auch gar nicht als einen, vor dem man sich in Acht nehmen müsste. *Und wie sollte man dann überhaupt auf die Idee kommen können, sich vor ihm zu schützen, wenn man gar nicht weiß, dass es ihn gibt, oder glaubt, dass es ihn nicht gibt?!*

Die Irrlehre: Das Böse sei in uns!

Da Satan zwar sich selbst bis zu einem gewissen Grad verheimlichen kann, nicht aber die von ihm bewusst gewollten und geförderten bösen Auswirkungen seines Tuns, ist ihm gleich der nächste – im negativen Sinn beeindruckende und erfolgreiche – Wurf gelungen. Er gibt nämlich vielen Menschen ein, das Böse sei in ihnen. Verleitet dies nicht zum weiter negativ beeinflussten menschlichen Schlussfolgern: „Wenn das Böse schon in mir ist, dann bin ich eben so, wie ich bin. Das muss ich eben akzeptieren. Da kann ich gar nichts dagegen machen. Wozu soll ich mich dann anstrengen, wenn ich das ohnehin nicht ändern kann?"

Logisch betrachtet würde das aber bedeuten, dass wir nicht als reine, sondern als mit Bösem behaftete Kinder Gottes von unserem Schöpfer ins Leben gerufen worden wären. Gott kann aber nichts Böses schaffen! Unser himmlischer Vater ist die pure Liebe! Infolgedessen kann das Böse auch nicht von meiner geistigen Erschaffung an in mir sein! Freiwillig habe ich es selbst aufgenommen vom großen Seelenfänger und Seelenverderber! Daher liegt es an meinem jetzt bedingt freien Willen, mich dieses von mir selbst aufgenommenen Bösen auch wieder zu entledigen, also meiner Verfehlungen, Belastungen, Bindungen und negativen Seelenprägungen. Es liegt nur an mir selbst, aufzulösen, was ich an Bösem freiwillig aufgenommen habe!

Anstiftung zur Kräftevergeudung nach außen

Die dunklen Mächte haben – wie schon gesagt – ihre Lebenskraft verprasst und brauchen laufend Nachschub in Form von Lebenskräften, die sie den Erdenmenschen abspenstig machen wollen. Unsere Lebensenergien und Seelenkräfte sind gesetzmäßig für den Aufbau und Erhalt unseres Erdenkörpers und die Erfüllung unseres geistseelischen Inkarnationsplanes vorgesehen. Und je mehr wir an unserer Seelenreifung arbeiten, je mehr Seelenmüll wir wegräumen, umso heller, lichter und energiereicher werden wir.

Der Gegensatz will aber nicht, dass wir unsere Kräfte für unsere geistseelische Entwicklung verwenden, sondern diese Kräfte nach außen verschleudern, also in die dunklen Kanäle einspeisen, wo jene, die weniger oder keine Kräfte mehr haben, sich ihrer gierig bedienen und lustvoll daran laben. Die uns entwendeten Energien verwenden die negativen Geistwesen aber nicht womöglich für ihre eigene Seelenreifung – davon sind sie noch weit entfernt! –, sondern für neue satanische Inszenierungen auf dieser Erde, zum Kräftenachschub im Auftrag ihres Gebieters, dem sie selbstverständlich eine ordentliche Ration von ihrer Beute abliefern müssen. Wie bei einem Pyramidenspiel.

Und wie kann das geschehen? *Wie kommen die negativen Geistwesen am einfachsten an unsere Kräfte?*

Über Angst und Furcht

Zu diesem Zweck werden wir mit den bevorzugt eingesetzten Druck- und Versuchungsmitteln Angst und Furcht gequält, denn Angst und Furcht sind Energie- und Lebenskraftverbraucher ersten Ranges. Denken wir nur an plötzliche heftige Panikattacken mit Schreck und Schock, Herzrasen, Zittern und Knieschlottern, gefolgt von völliger Erschöpfung! Oder an chronisch kräftezehrende Zustände voller Sorgen, Grübeln und Sinnieren, bis der Mensch körperlich erschöpft, ermüdet, ermattet und erlahmt ist. Da besteht nur wenig Chance und Möglichkeit für ihn, sich geistig zu entwickeln – dafür ist nämlich Seelenenergie erforderlich!

Ursachen und Gründe, Anlässe und Auslöser für Angst und Furcht finden sich in einer materialistisch orientierten Erdenwelt noch und noch: Um das Erdenleben (das vermeintlich alleinige und ganze Sein), vor dem Körpertod (der das vermeintlich alleinige und ganze Sein endgültig beendet), um den vermeintlich alles seienden Erdenkörper, vor Krankheiten, Unfällen, Gefahren, Katastrophen, Not und Elend, vor der Zukunft, um den materiellen Besitz u. v. a. m. Angst und Furcht sind dem Menschen aber nicht angeboren, wie manche erdenwissenschaftliche Theorien behaupten – vermutlich in Unkenntnis universellen Wissens –, sondern sie nahmen ihren Ursprung bei unserem Abfall von Gott, als wir dem Urheber aller Angst und Furcht – nämlich Luzifer, der zum Satan geworden ist, – in die Gottferne folgten.

Allein das Wissen um die geistigen Wahrheiten, das unbedingte Vertrauen in unseren Schöpfer und seine Liebesnetzwerke zu unserer Hilfe und das freiwillige Befolgen seiner Liebesgesetze sowie der Liebesgebote Jesu Christi werden uns frei machen können von Angst und Furcht.

Über das Ausleben von Untugenden

Wenn wir Erdenmenschen unsere Untugenden unkontrolliert, oft und intensiv ausleben, wird dabei viel Kraft nach außen frei und kann abgezogen werden. Denken wir nur an heftige Ausbrüche von Zorn, Hass, Zerstörungswut, Fanatismus, Machtgier, Herrschsucht, Rechthaberei, Streitsucht, Ungeduld usw.; denken wir aber auch an ungute Reaktionen voller Eifersucht, Neid, Missgunst, Schadenfreude, Selbstherrlichkeit, Eitelkeit, Stolz, Hochmut, Eigensinn, Starrsinn usw.; nicht zu vergessen verschiedenste Empfindlichkeiten, Berührtheiten, Indiskretionen, Launenhaftigkeiten, Unversöhnlichkeiten, Unehrlichkeiten, Verlogenheiten; dazu zählen neben der schon erwähnten Angst und Furcht als deren weitere Spielarten auch Zweifel, Unsicherheit, Mutlosigkeit, Kleinmut; weiters Verzagtheit, Hoffnungslosigkeit, Bedrücktheit, Deprimiertheit; oder Bequemlichkeit, Lauheit, Unzuverlässigkeit, Nachlässigkeit, Untreue; sämtliche Varianten des Egoismus, Geiz und Gier, Impulsivitäten und Triebhaftigkeiten u.v.a.m.

Werden die dabei frei werdenden Kräfte bei einem heftigen Ausbruch in einem kurzen Augenblick nach außen geschleudert oder fließen sie über einen längeren Zeitraum schleichend ab – immer sind es meine Kräfte, die dabei verloren gehen und mir dann fehlen für meine Seelenreifung und meine geistige Entwicklung! Und wenn ich das nicht will, dann liegt es einzig und allein an mir, etwas dagegen zu unternehmen. *Wie kann ich das angehen? Was soll ich tun?*

Seelenforschung betreiben, um meine Untugenden überhaupt bewusst erkennen zu können! Das ist nämlich gar nicht so leicht. Zuerst meinen Schutzengel um seine Hilfe bitten, um seine Inspiration zur Bewusstwerdung und um Kraft und Beistand, dass es mir gelinge, in eine höhere Seelenschwingung zu gelangen, um mich so in den dazu herausfordernden Erdenlebenssituationen der Versuchung zu entschwingen. Wenn ich mich bemühe, die erkannten Untugenden Schritt für Schritt abzubauen, mich dabei am Vorbild Jesus Christus orientiere und seine Lehre befolge, wird mir auch die sukzessive Entwicklung der korrespondicrenden Tugenden gelingen. So setze ich meine Lebensenergie gottgewollt für meine Seelenreifung und meine geistige Entwicklung ein und werde darin von vielen geistigen Freunden und Helfern unterstützt.

Über körperliche Verausgabung

Wenn wir Erdenmenschen unseren Körper in verschiedenen rein irdisch-materiell-körperlich orientierten Disziplinen bis zur „totalen" Verausgabung und völligen Erschöpfung trainieren, investieren wir unsere Kräfte zum Selbstzweck in die irdisch-materiell-körperliche Lebensebene. So verschaffen wir uns zwar kurzzeitige „Glücksgefühle", die auf diese Weise verausgabten Kräfte fehlen uns aber für unsere geistseelische Entwicklung.

Warum können eigentlich Glücksgefühle in Situationen auftreten, in denen es uns genau genommen gar nicht gut geht? Ist das nicht paradox? Von wem könnten uns solche kurzzeitigen Glücksgefühle eingespielt, suggeriert werden, um uns trotz des qualvollen Erschöpfungszustandes (= massiver Mangel an Lebenskraft!) zu weiterem Training mit noch mehr Verausgabung zu motivieren? Wieder und wieder, immer wieder sind es jene negativen Spezialisten, die uns dabei immer wieder Lebenskraft abzapfen wollen …

Über Leidenschaften und Triebhaftigkeiten

Wie hemmungslos werden heutzutage Leidenschaften, Begierden und Gelüste ausgelebt, was gönnt man sich alles an Vergnügungen und Befriedigungen, was wird alles ausgekostet bis aufs Letzte! Gerade das zügellose, exzessive, tabulose Ausleben der Sexualität in allen nur vorstellbaren Spielarten wird heutzutage von verschiedenen Richtungen her massiv beworben, propagiert, gefördert, gesponsert usw., wohl ohne von den hinter den irdischen Aktivisten und Verantwortlichen stehenden nicht sichtbaren Initiatoren und Drahtziehern zu wissen, was für die Letzteren gezielte Einflussnahmen natürlich erheblich vereinfacht.

Dazu eine kurze geistwissenschaftliche Betrachtung: Dass im Willen Gottes die Geschlechtskraft primär der Ermöglichung von Inkarnationen auf Erden dienen soll, ist ja bekannt. Dass mit der Betätigung der Geschlechtskraft ein intensives Gefühlsempfinden verbunden ist, ist auch bekannt. Dass dabei ein gewaltiger Kräftefluss erfolgt, ist vielleicht auch noch bekannt. Und dieser Kräftefluss erfolgt „von innen nach außen" – idealerweise in inniger gegenseitiger Hingabe und liebevoller Vereinigung zwischen Mann und Frau als Ausdruck ihrer Herzensliebe, idealsterweise als liebevoller Energieimpuls für ein inkarnierendes Geistwesen.

Darüber hinaus – und das ist auf Erden freilich weit weniger bekannt – hat diese auch als „Geisteskraft des Lebens" bezeichnete Geschlechtskraft noch andere, „innere" Funktionen: Als gewaltiges Energiezentrum oder Chakra dient sie mit der Kräftebereitstellung für den Aufbau vitaler, immunstarker Zellen der körperlichen Gesundheit des Erdenmenschen und fördert dessen geistseelische Entwicklung, wenn – ja wenn! – sie nicht unkontrolliert, zweckentfremdet oder zweckentartet „nach außen" verschleudert wird (und damit für ihre „inneren" Funktionen nicht zur Verfügung steht). Andersherum formuliert: Die Gesundheit des Menschen leidet und ebenso sein geistiger Fortschritt, je mehr Missbrauch mit der Geschlechtskraft getrieben wird!

Andererseits werden mit dem Anstacheln der Erdenmenschen zu einem geistig unvernünftigen Umgang mit ihrer Geschlechtskraft recht lukrative Energiegewinne seitens der Dunkelmächte verzeichnet, mit ganz beachtlichen Erträgen an einkassierter, menschlich vergeudeter Lebenskraft. Und je mehr sich die Erdenmenschen von negativen Geistwesen in den Missbrauch der Geisteskraft des Lebens hineintreiben lassen, umso mehr wird speziell auch das Immunsystem der Menschen geschwächt, also eine Immunschwäche hervorgerufen mit den dementsprechenden allgemein bekannten Folgekrankheiten.

Über Sucht- und Rauschmittel

Nur ja keine Hemmungen vor dem Ausprobieren und Konsumieren von Genussmitteln, von Nikotin und Alkohol bis hin zu den einschlägigen Sucht- und Rauschmitteln – so die Parole des Gegensatzes! –, denn die davon abhängig gewordenen bedauernswerten Suchtkranken stellen auf lange Sicht äußerst ergiebige Lebenskrafttankstellen für „Arme Seelen" und auch dunklere jenseitige Wesenheiten dar. Die enthemmende und zum Teil halluzinogene Wirkung vieler Drogen ist zwar meist bekannt, weniger aber deren eigentliche nicht-materielle Ursache: Wieder ist es die Öffnung der Aura, wodurch negative Geistwesen gedanklich und gefühlmäßig enthemmend auf die süchtigen Erdenmenschen einwirken und dadurch noch verstärkt deren Kräfte abziehen können; außerdem ermöglicht eine gewisse drogenbedingte „Lockerung" der Geistseele vom Erdenkörper verschiedene Sinneswahrnehmungen aus niederen (!) jenseitigen Sphären, die irdisch betrachtet als Halluzinationen bezeichnet werden.

Könnte das Mitwirken satanischer Beeinflusser über die in den zuständigen irdischen Institutionen und Gremien verantwortlichen Entscheidungsträger mit ein Grund dafür sein, warum leider die Enttabuisierung, Freigabe und allmählich sogar Legalisierung verschiedener Bereiche dieses „Marktes" ins Rollen gekommen ist? *Und wissen die irdischen Verantwortlichen über diese geistigen Zusammenhänge überhaupt Bescheid?*

Über gezielte Programme zur Auraöffnung

Über verschiedene sogenannte Ausbildungsprogramme – unter Anwendung diverser energetischer, esoterischer, magischer Praktiken usw. – lässt sich unsere Aura öffnen. Das ist bekannt und in vielen Ausbildungsprogrammen leider auch beabsichtigt. Vordergründig, um damit feinfühliger, sensibler, sensitiver, womöglich hellsichtig, hellhörend oder hellfühlend werden zu können; hintergründig, um damit denjenigen Geistwesen – die zunächst bei solchen Ausbildungen von Erdenmenschen „mitgeholfen" haben – in weiterer Folge durch die geöffnete und offen gebliebene Aura der Kursabsolventen ziemlich uneingeschränkt Zugriff auf die menschliche Lebenskraft zu ermöglichen. *Wissen das die irdischen Kursleiter?*

Wird vor der Zulassung von Interessenten zu solchen Ausbildungsprogrammen vom zuständigen Kursleiter *geprüft, ob jene überhaupt die dafür erforderliche geistseelische Reife*, ihre Tugendseele entwickelt *haben*, um mit den angestrebten Kräften gottgewollt verantwortungsbewusst umgehen zu können? Oder wird nur die erfolgte Bezahlung der Teilnahmegebühr kontrolliert? *Denn was passiert, wenn geistseelisch Unreife zu mehr Energie kommen*, ohne sich diese selbst durch Reinigung und Reifung ihrer Seele erarbeitet zu haben? Werden sie diese Kräfte gottgewollt einsetzen (können) oder in ihrer Unreife und Unwissenheit nicht eher gleich wieder vergeuden, missbrauchen bzw. sich über ihre noch nicht abgelegten Seelenschwächen rauben lassen – und dafür (mit)verantwortlich sein und sich noch mehr belasten?

Und was durch Neugier, Sensationslust, Überredungskunst anderer Menschen oder sonstige Beeinflussung mit der unbedachten Teilnahme an einer Séance, einem Tischerlrücken, einer Geisterbefragung, einem Yoga- oder Meditationskurs, einem Hypnoseseminar usw. begonnen hat, kann unter Umständen mit Beeinflussungs-, Umsessenheits- oder Besessenheitszuständen enden. *Denkt man* in den psychiatrischen Kliniken *bei* der Behandlung von Patienten mit *Psychosen, Manie, Depression, Schizophrenie, bei Wahnvorstellungen usw. auch an solche geistigen Ursachen?* Weiß man darüber Bescheid? Wäre in solchen Fällen nicht sogar die Einbeziehung eines Exorzisten überlegenswert?

Über Lethargie und Lauheit

Auch über die Schiene Bequemlichkeit, Lethargie und Lauheit können wir Erdenmenschen davon abgehalten werden, an unserer Seelenreifung zu arbeiten. Um nur ja nicht auf zarte Gewissensimpulse achten oder das eigene Vernunftdenken aktivieren zu müssen, wird alles bequem und konsumiergerecht vorgegeben, von Modetrends über Diätempfehlungen bis zur Freizeit- und Urlaubsgestaltung inklusive Animations- und Unterhaltungsprogrammen. Und leider folgt die „Massenmenschenherde" wie an einem Gängelband den ihnen mit ihren materiellen Sinnesorganen nicht wahrnehmbaren Verführern, die im Gegenzug aber mit umso intensiveren äußeren, sinnesbetäubenden Reizen agieren – überall Blendwerk, alles blinkt und blitzt und glitzert, überall Lärm, alles piepst und schrillt und dröhnt, dazu einpeitschende Rhythmen, überall synthetische „Düfte", alles muss nach irgendetwas „riechen", und das möglichst intensiv und vereinnahmend usw. Mit all dem sollen die ohnehin bewusstseinsschwachen Erdenmenschen noch weiter eingelullt, eingenebelt, betäubt werden. *Wie kann man sich da noch verinnerlichen* und auf die zarten Regungen seiner Seele achten? *Und wo bleibt der selbstbestimmende eigene gottgewollte Willenseinsatz* für geistig vernünftige Aktivitäten? *Wo die freiwillige Betätigung in der Nächstenliebe?*

Über die Lockerung von Regeln und Gesetzen

Durch eine leider immer weitere Abkehr von Moralgesetzen, aber auch von ungeschriebenen Sitten- und Anstandsregeln wird förmlich dazu motiviert, Verschiedenes auszuleben, was man früher nicht getan hätte, weil gewisse Aktivitäten eben erdengesetzlich geregelte Sanktionen nach sich gezogen hätten oder aufgrund eines Moralkodex tabu waren. Das war ein gewisser Schutz speziell für jene Menschen, deren Hemmschwelle für das Ausleben bestimmter Untugenden eher noch recht niedrig war und deren Gesinnung das eine oder andere „Tun" (mit der Folgewirkung der einen oder anderen negativen Seelenprägung) „großzügig toleriert" hätte, wenn es nicht verboten bzw. unter Strafandrohung gestellt gewesen wäre. Damit verbunden war also eine zumindest indirekte Hilfe zur Seelenreifung durch (wenngleich nicht ganz freiwilliges) Unterlassen bzw. Verzichten, und damit in vielen Fällen die Verhütung neuer Belastungen und Bindungen.

So konnte über die moralischen Instanzen vielen Menschen bei ihren ganz persönlichen Schwachpunkten unterstützend geholfen werden. *Und jetzt?* Jedenfalls ist es immer noch besser, etwas Negatives nicht zu tun, weil es verboten ist, als es zu tun, nur weil es irdisch nicht (mehr) verboten ist – aus geistiger Sicht für die betroffenen fehleranfälligen Menschen betrachtet, die somit ihre Seele nicht neu belasten, ihre Seelenkräfte nicht nach außen verschleudern. Aus der Perspektive der negativen Kräfte-Abzocker gesehen, verhält es sich freilich genau umgekehrt.

Die einseitige Forcierung des Verstandesdenkens

Wer im materialistischen Denkgebäude gefangen ist und sich nicht daraus befreien lässt – weil er alle nicht-materialistischen, also geistigen Lösungsansätze, Hilfsangebote und Befreiungsversuche nicht annehmen kann oder will –, bleibt darin eben so lange gefangen, bis er endlich freiwillig zu einer Gesinnungsänderung, einem Dimensionssprung bereit ist. „Selber schuld!", könnte man voreilig sagen, oder „Das ist seine ganz persönliche Sache!"

Zu einer in ihrer ganzen Tragik leider viel weitreichenderen Angelegenheit wird „seine ganz persönliche Sache" allerdings dann, wenn z. B. so ein materialistisch denkender Mensch an der Spitze einflussreicher wissenschaftlicher, wirtschaftlicher, politischer, philosophischer, weltanschaulicher oder gesellschaftlicher Einrichtungen steht und seine Denkweise maßgeblich in das ganze System einfließt. *Wen wundert es da, dass der Gegensatz großes Interesse daran hat, solche Menschen in irdische Machtpositionen zu manövrieren*, sie dort auch weiterhin beeinflussend zu lenken und ihnen dafür sogar (selbstverständlich gestohlene!) Kräfte zuführt, *um deren Denkweise mehr und mehr in Umlauf zu bringen?* Werden doch über sie ganze Systeme und viele davon betroffene Erdenmenschen nachhaltig – und zwar wiederum im Sinne des materialistischen Verstandesdenkens! – beeinflusst! Ein Teufelskreis! Und wenn einmal andersdenkende Idealisten „mit guten Vorsätzen" in irdische Spitzenpositionen kommen, werden sie aufgrund ihrer Sensibilität und mangels Geistwissens meist sukzessive geistig „umgedreht", und viele ihrer guten Vorsätze hängen sich in den festzementierten materialistischen Strukturen auf. Deshalb ist es so dringend notwendig, für alle Mächtigen, Führenden und irdisch Verantwortlichen dieser Erde innig um geistigen Schutz und geistige Führung von oben zu bitten und zu beten – mit segensreichen Auswirkungen für die ganze Menschheit!

Und doch müssen unsere irdisch Verantwortlichen in Schutz genommen werden: Sind sie sich des ganzen satanischen Komplotts über ihren Köpfen überhaupt bewusst? *Wissen sie von alledem?* Wissen sie von all dem Nicht-Materiellen? Wissen sie von einer Geistseele, von Geistwesen, von einer jenseitigen Lebensdimension usw.? Und was sie vielleicht als Kinder im Religionsunterricht darüber gehört haben – ist es ihnen inzwischen einfach aus ihrer Verstandes-Erinnerung „gelöscht" worden? Und wenn sie jetzt darauf aufmerksam gemacht werden – können sie es annehmen, glauben, oder sind sie Gefangene ihres Denkens und ihrer Beeinflusser geworden? Wie bemühen sie sich oft redlich, ihr Bestes zu geben und zu tun für die Menschen, die sie vertreten, für die sie zuständig und die von ihnen „abhängig" sind! Aber ein irdisches „gut gemeint" ist nicht immer ein geistiges „gottgewollt gut"!

In der göttlichen Gerechtigkeit und Barmherzigkeit freilich ist jeder Erdenmensch nur so weit für sein Wirken verantwortlich, soweit es seinem jeweiligen Bewusstsein und geistigen Erkenntnisstand entspricht. Also geht bei allem negativen Wirken das, was aus eigener negativer Gesinnung erfolgt, als Belastung auf das eigene Seelenkonto, während der infolge negativer Beeinflussung zustande gekommene „Anteil an der bösen Tat" auf das Seelenkonto der Beeinflusser geht. So, wie auch jedes kleinste Liebeswerk als Positivum auf das eigene Seelenkonto gebucht wird. Das gilt für uns alle!

Die Verhinderung von Inkarnationen auf dieser Erde

Die Hauptaufgabe unseres Erdenplaneten ist seine Funktion als Sühneplanet für abgefallene Geschöpfe Gottes, die zum Zweck des Abtragens bzw. Wiedergutmachens selbstverschuldeter Verfehlungen der Inkarnation in einem grobstofflichen Körper auf einer materiellen Weltenstufe bedürfen. Und diese Möglichkeit – dass belastete Geistwesen ein Erdenleben antreten dürfen, um sich durch Sühnen und Läutern gewisser ihnen noch anhaftenden schwerwiegenden Belastungen aus dem Rad der Wiedergeburt und damit auch aus einem noch recht direkten Einflussbereich Satans und seiner Anhänger befreien zu können – ist dem Herrn der Tiefe ein Dorn im Auge. Diese Möglichkeit muss aus seiner Sicht mit aller Kraft vereitelt werden, ist doch klar! Im Hinblick auf den Einsatz seiner teuflischen Gegenstrategien ist er 1.) recht erfinderisch, 2.) nicht zimperlich, 3.) leider sehr erfolgreich.

Verhütungsmethoden

Die Entwicklung und Einführung „sicherer" Verhütungsmethoden ermöglicht ein recht hemmungsloses Ausleben der Geschlechtskraft, ohne dabei das Eintreten einer Schwangerschaft „befürchten" zu müssen (mit der bedauerlichen „Nebenwirkung" eines nicht unerheblichen Lebenskraftverschleuderns nach außen und der damit verbundenen massiven Drosselung des persönlichen geistigen Fortschrittes); erleichtert das bedenkenlos(er)e Nachgeben gegenüber gewissen Begehrlichkeiten, Gelüsten, Sittenwidrigkeiten, moralischen Schwächen usw. (mit der nächsten bedauerlichen „Nebenwirkung" einer negativen Seelenprägung); und verhindert Millionen über Millionen von Inkarnationsmöglichkeiten für jenseitige Geistwesen, die nur darauf warten, endlich ein Erdenleben antreten zu dürfen. Für deren nächsten geistseelischen Entwicklungsschritt steht nämlich die Absolvierung eines grobstofflichen Körperlebens an zur Bereinigung der einen oder anderen Verfehlung, die im Jenseits einen unüberwindlichen Plafond darstellt. Die sogenannten Errungenschaften der irdisch propagierten „sexuellen Revolution" der 60er-Jahre lassen sich natürlich aus verschiedenen Perspektiven betrachten. Aber jeder trägt für seine Einstellung auch die Verantwortung und nimmt sie in seiner Geistseele mit ins Jenseits, zu seinem Vorteil oder Nachteil.

Erfahrungsgemäß ist vielen Anwenderinnen von Verhütungsmethoden gar nicht bekannt, dass der Verhütungseffekt mancher Methoden nicht oder nicht nur darin besteht, eine mögliche Befruchtung zu verhindern, sondern (auch) nach einer bereits stattgefundenen Befruchtung das mit seinem (zwar erst im Mehrzellstadium befindlichen) Körper bereits in Verbindung getretene inkarnationswillige Geistwesen an seiner tatsächlichen Einnistung in der Gebärmutter der ausgewählten zukünftigen Erdenmutter zu hindern oder von dort wieder hinauszuschmeißen. Somit bestehen die Wirkungen mancher Verhütungsmethoden – geistig betrachtet und ganz klar und deutlich ausgedrückt – in …

Abtreibungen

…, und zwar in sogenannten Frühabtreibungen. Und zu diesen irdisch zwar „erwünschten", geistig aber höchst bedauerlichen „Wirkungen" kann es möglicherweise immer wieder kommen, Monat für Monat, ohne es zu bemerken, ohne es zu wissen … Und immer wieder, Monat für Monat, werden möglicherweise inkarnationswillige Geistwesen abgewiesen und in ihrer geistseelischen Entwicklung behindert.

Betreffend die eigentlichen und als solche auch beim Namen zu nennenden Abtreibungen, deren Durchführung bis in immer spätere Schwangerschaftswochen unter irdische Straffreiheit ge-

stellt wird, bedarf es an dieser Stelle wohl keiner weiteren aus-
führlichen geistigen Aufklärung mehr über die damit auf sich
geladene Verantwortung und bewirkten Seelenprägungen. Auch
auf diesem Gebiet ist es wiederum die Aufweichung irdischer
Gesetze verbunden mit einer irdischen Bemäntelung von geistig ungesetzlichem Tun, das die berühmte Hemmschwelle beim
Menschen sinken lässt. So sind es nicht nur äußerst schwierige
und vermeintlich kaum bewältigbare bis unerträgliche Lebenssituationen verzweifelter Schwangerer, die sie schweren Herzens
und oft mit schlechtem Gewissen zur Durchführung einer Abtrei-
bung treiben, sondern auch ganz banale Umstände, warum ein
Kind jetzt gerade nicht gelegen kommt, nicht erwünscht ist …

*Ist das bedingungslose Ja zu einer – empfangenen – Geist-
seele nicht ein Akt der Nächstenliebe?* Diesem oft schon lange voller Sehnen auf diese Inkarnationsmöglichkeit wartenden
Geistwesen bei der Bewältigung eines vorgenommenen großen
geistseelischen Entwicklungsschritts im Erdenkörperkleid zu
helfen? Trägt doch sein Annehmen und liebevolles Unterstützen
bei der Erfüllung seiner Lebensaufgabe auch zur Seelenreifung
der Erdeneltern bei!

Die vorzeitige Beendigung von Inkarnationen

Selbstmord – Euthanasie – Todesstrafe

Wer ganz und gar im materialistischen Denken verhaftet ist –
also den Körper für seine Gesamtpersönlichkeit hält und das
Erdenleben für seine Gesamtexistenz – wird in sehr schweren
Erdenlebensphasen großen Leides vermutlich keine über dieses
Erdenleben hinausreichende Sinnhaftigkeit erkennen können.
Weder wird er dafür selbst gesetzte Ursachen vor diesem Erden-

leben in Betracht ziehen können, noch nachtodliche Folgewirkungen für sich selbst.

Wenn so ein Mensch alle verstandesmäßig denkbaren Lösungsansätze und irdisch verfügbaren Möglichkeiten ausgeschöpft hat, um sein Problem oder Leid aus der Welt zu schaffen, ohne dass ihm dies jedoch gelungen ist, ist nicht auszuschließen, dass er die für ihn einzig übrig bleibende „effiziente" Maßnahme zur Beendigung dieses scheinbar unnützen, lästigen, qualvollen, sinnlosen Leidens in der Beendigung seines Körperlebens sehen wird. „Wozu jetzt noch leiden, wenn ich dann ohnehin nicht mehr existiere? Dann kann ich ja mein Leben jetzt gleich beenden (lassen) und mir alles weitere Leiden ersparen!" – Klingt ja im Verstandesdenken durchaus logisch, so eine satanische Suggestion, aber eben nur im Verstandesdenken! Und weil das materialistisch orientierte Verstandesdenken so viele Erdenmenschen, ja ganze irdische Institutionen und Systeme schon beherrscht, wird dieser satanischen Suggestion leider nur allzu oft Folge geleistet.

Die einen flüchten durch Selbstmord aus dem Erdenleben in ein vermeintliches Nichts (was sich als fataler Irrtum herausstellen wird), andere nehmen mehr oder weniger „selbstbestimmend" (in Wirklichkeit über negative Beeinflusser weniger oder mehr „fremdbestimmt") verschiedene Methoden der Euthanasie in Anspruch, deren zunehmende Legalisierung immer breitere gesellschaftliche Akzeptanz findet. Leider, leider, leider!

Allein die Tatsache, dass es auf dieser Erde immer noch Länder gibt, in denen die Todesstrafe verhängt und auch vollstreckt wird, gibt ein untrüglich deutliches Zeugnis von der allgemein noch sehr niederen geistigen Entwicklung dieser Weltenstufe und lässt wiederum Rückschlüsse zu auf die eigentlichen Drahtzieher, die hinter den irdisch Verantwortlichen an der Spitze solcher Rechtssysteme und Machtapparate stehen und beeinflussend wirken. Der Henker war eben noch nie Mörder! Apropos Mörder …

Mord und Totschlag, Krieg und Terror, Gewalt und Fanatismus

Immer wieder kommt es zu Verbrechen, über die in den Massenmedien berichtet wird, es seien keinerlei einsichtige Motive dafür vorhanden gewesen, der Täter wisse selbst nicht, wieso es dazu kommen konnte, könne sich nicht mehr an den Tathergang erinnern und sei nachher über sich selbst entsetzt gewesen. „Unzurechnungsfähigkeit zum Zeitpunkt der Tat" steht dann möglicherweise im Gerichtsgutachten mangels irdisch-verstandesmäßig plausibler Erklärbarkeit des Vorgefallenen. Geistwissenschaftlich betrachtet war der ausführende Mensch allerdings während der Straftat von negativ gesinnten Geistwesen schwer beeinflusst, umsessen, ja sogar besessen. *Wem sind schon solche Zusammenhänge bekannt?*

Tagtäglich, ja stündlich berichten die irdischen Massenmedien über neue Gewalt- und Gräueltaten, Terroranschläge und Kriegsgeschehnisse auf dieser Erde. *Wer aber berichtet über die hinter den irdischen Akteuren stehenden nicht sichtbaren negativen Beeinflusser*, die bei dafür empfänglichen Menschen Fanatismus, Macht- und Rachegelüste oder Hass, Eifersuchts- und Vergeltungsgedanken usw. schüren – mit dementsprechenden Eskalationen?

Das betrübliche Fazit von alledem: unzählige Todesopfer, schwere geistseelische Belastungen, Verfehlungen, Neuverschuldungen, neue Bindungen, neues Karma …, mit enormen Verlusten an Lebenskräften aufseiten der Erdenmenschen …, und mit enormen Gewinnen an Lebenskräften aufseiten der satanischen Drahtzieher.

Könnte bzw. sollte nicht die irdische Berichterstattung über solche Gewalt- und Gräueltaten vom Leser, Zuhörer oder Zuseher im Sinne eines nächstenliebenden Wirkens zum Anlass genommen werden, sofort um geistige Hilfe, Kraft und Schutz zu bitten, dass geistige Liebeslichtstrahlen dorthin gesandt werden, wo so etwas passiert ist? Wäre auf diese Weise den Betroffenen nicht weit mehr geholfen, als wenn man nur in Mitleid zerfließt, erschüttert oder entsetzt reagiert?

Darüber hinaus sind alle Menschen, die solche Meldungen über die Massenmedien erfahren, aufgerufen, sich neutral zu verhalten, nicht Partei zu ergreifen für die einen oder für die anderen, nicht zu sympathisieren mit diesen oder jenen, nicht zu be- oder verurteilen, sich nicht mit zersetzender Kritik über die irdisch Agierenden zu äußern und damit selbst zu belasten, sondern vielmehr für alle Betroffenen und Beteiligten, die Täter wie die Opfer, die Opfer wie die Täter, für alle Verantwortungsträger usw. um geistige Hilfe, Tröstung und Stärkung, um Frieden und Harmonie, aber auch um Vergebungs- und Versöhnungsbereitschaft zu bitten! Beten wir auch um die Wiederherstellung des Friedens, wo er verloren gegangen ist, und um die Bewahrung des Friedens, wo er in Gefahr ist, weil sich – uns Erdenmenschen oft noch nicht bewusst – vielleicht ungute Geschehnisse anbahnen …! Auf diese Weise könn(t)en wir mit unseren menschlichen Gebetskräften sehr viel dazu beitragen, dass von den hohen himmlischen Mächten drohendes Unheil verhindert oder zumindest abgeschwächt werden kann.

Das Spiel mit dem Erdenleben

Jede Erdenzeitepoche hat ihre zeitgeistigen Ausprägungen, Auswüchse und Entartungen betreffend einen allzu sorglosen, unüberlegten und vor allem unvernünftigen „Risiko-Einsatz" des persönlichen Erdenlebens. Forderte man in früheren Zeiten und manchen Kreisen einander zum Duell oder spielte russisches Roulette, in anderen Kreisen nach durchzechter Nacht die letzte Kartenpartie „um Haus und Hof" (wobei klar war, was im Falle einer Niederlage die sogenannte „Ehre" dem Verlierer zu tun gebot …), so sind es heutzutage eher verwegenste Extremsportarten oder das Umsetzen kurioser und bizarrer Ideen, was man nicht alles an noch Gefährlicherem und Waghalsigerem ausprobieren könnte – und koste es das Erdenleben …!

Was empfindet aber die inkarnierte Geistseele in so einer Situation, in der die ganz reale Gefahr besteht, dass ihr der Körper als notwendiges Werkzeug für dieses Erdenleben abhandenkommt? – Angst, Todesangst! *Und was passiert in einem Zustand von Todesangst?* Die Aura öffnet sich blitzartig und jede Menge Lebenskraft geht verloren! Auch dann, wenn das Spiel mit der Gefahr dieses Mal noch glimpflich ausgegangen ist. Auch wenn das Erdenleben diesmal noch „gewonnen" wurde – wertvolle Lebensenergien wurden dabei auf alle Fälle verloren. Und dafür ist „der Spieler mit dem Erdenleben" verantwortlich.

Tod auf Raten

Jedes Verleiten-Lassen zu einer unvernünftigen und ungesunden Lebensweise führt zu einem vorzeitigen Verschleiß des Erdenlebenswerkzeuges Körper, zu Krankheit, Leiden, Siechtum. Das ist selbst den Verstandesdenkern auf dieser Erde zumindest in der Theorie bekannt.

Die Zerstörung des Erdenplaneten

Jedes vom Schöpfer abgefallene Geistwesen, das zum Abtragen und Wiedergutmachen von selbstverschuldeten Verfehlungen der Inkarnation in einem grobstofflichen, materiellen Körper bedarf, braucht dafür selbstverständlich auch ein adäquates Lebensumfeld, eine adäquate „Atmosphäre", eine adäquate grobstoffliche, materielle Weltenstufe. Für unsere Inkarnation als Erdenmenschen ist dafür im Willen unseres Schöpfers dieser Erdenplanet vorgesehen. Und in dieser Lebensdimension, auf dieser Erdenweltenstufe sind für uns Erdenmenschen alle notwendigen Arten von „Nahrung" und alle notwendigen „Energien" enthalten, die wir für unseren Erdenkörper, für unsere geistseelische Entwicklung, für unseren geistigen Aufstieg brauchen.

Was sind das für „Nahrungen" bzw. „Energien", die wir Erdenmenschen für unseren Erdenkörper, für unsere geistseelische Entwicklung, für unseren geistigen Aufstieg ***brauchen?***

„Körpernahrung"

Beginnen wir mit dem uns Erdenmenschen schwingungs- und verstandesmäßig Nächstliegenden: unserem Erdenkörper! Geistig betrachtet sind es verdichtete Schwingungen, die wir Körper nennen. Es ist stets die Geistseele, die sich ihren Körper aufbaut und erhält, um ihn als Werkzeug für ihre Entwicklung in diesem Erdenleben (be)nützen zu können. Für den grobstofflichen Aufbau und Erhalt des materiellen Körpers bedarf es allerdings neben der von der Geistseele her bereitzustellenden geistseelischen Energien (= „Seelennahrung") zusätzlich der Zufuhr von irdischen Energien, die Mutter Erde mithilfe von Schwesternplaneten- und Sonnenenergien für die auf ihr wohnenden Lebewesen hervorbringt (= „Körpernahrung"). Im Klartext: Wir Erdenmenschen brauchen Luft zum Atmen, Wasser zum Trinken und Nahrung zum Essen!

Je reiner die Luft, die wir atmen, je sauberer das Wasser, das wir trinken, und je lebendiger die Nahrung, die wir essen, umso hochwertigere Energieschwingungen können daraus für die laufend erfolgenden Aufbau- und Umbauvorgänge in unserem

Körper gewonnen werden, was wiederum zu einem möglichst reibungslosen Zusammenspiel sämtlicher Körperfunktionen beitragen und so der Geistseele zu einem tadellosen Werkzeug verhelfen wird.

Wen wundert es da, wenn Satan und seine Anhänger mit aller Macht versuchen, die Lebensgrundlagen auf diesem Erdenplaneten immer mehr zu schädigen, sodass die Körper der Menschen immer disharmonischer, immer kränker werden und damit nur mehr als minderwertige Werkzeuge für die Erfüllung der geistseelischen Inkarnationspläne zur Verfügung stehen? *Aber wie macht Satan das?* Er selbst kann als nichtverkörpertes Geistwesen doch keine materiellen Zerstörungsaktionen auf diesem Planeten setzen!

Ein Marionettentheater

Wieder einmal wird auch dabei über die recht bewährte Methode der negativen Beeinflussungen und Suggestionen von willfährigen Erdenmenschen gearbeitet, um Luft, Wasser und Umwelt sukzessive zu schädigen, zu verschmutzen, zu zerstören. Den einen packen sie mit großen Gewinnsummen und materiellen Erträgen, die in Aussicht gestellt werden; den anderen mit technischen Prestige-Objekten; da werden Konkurrenz- und Machtbestrebungen geschürt; satanische Verwirrstiftungen in Lügen, Intrigen und Widersprüchlichkeiten lassen Folgewirkungen geplanter Aktivitäten nicht mehr erkennen oder abschätzen; und mahnende und warnende Stimmen der Vernunft werden übergangen, lächerlich gemacht, brutal unterdrückt, verfolgt …

Am liebsten würde Satan den ganzen Erdenplaneten zerstören, quasi atomisieren (wie es ja mit dem vorhandenen Atomwaffenarsenal auf dieser Erde bereits zigfach möglich wäre, aber in der göttlichen Ordnung nicht zugelassen ist, damit es zu keiner Destabilisierung unseres Sonnensystems kommt), um dessen Funktion als Sühneplanet für Geistwesen, die aus seinem Einflussbereich freikommen und in ihre geistige Heimat zurückkehren wollen, außer Kraft zu setzen.

Möge sich jeder Erdenmensch seiner Verantwortung für sein eigenes Verhalten gegenüber unserem Erdenplaneten bewusst werden, der ihm Lebensgrundlage für dieses Erdenleben gewährleisten soll; und darüber hinaus auch seiner Verantwortung für so dringend nötige segnende Gedanken und Gebete um Schutz und Hilfe für Mutter Erde, die ja auch ein Geistwesen ist, damit sie auch weiterhin ihre Aufgabe erfüllen und diesen Sühneplaneten zum Wohle vieler, vieler sühnewilliger Geistwesen erhalten kann!

Die Verhinderung unserer Seelenreifung

Über die Gewährleistung unserer rein materiellen Lebensgrundlage hinaus soll noch besonders darauf hingewiesen werden, dass auf diesem Erdenplaneten durch das Nebeneinanderleben von geistseelisch recht unterschiedlich entwickelten Geistwesen in äußerlich recht wenig unterschiedlichen materiellen Körpern ein vielschichtiges Voneinander-, Aneinander- und Miteinander-Lernen möglich ist. Da wir Erdenmenschen in den verschiedenen Tugenden ziemlich unterschiedlich entwickelt sind, können wir untereinander immer wieder Vorbilder finden, die in jenen Tugenden, in deren Entwicklung wir selbst nachhinken, schon fortgeschritten sind, um von ihnen zu lernen; und mit unseren uns schon erarbeiteten eigenen Talenten können wir wiederum jenen weiterhelfen, die auf diesen Gebieten noch Schwierigkeiten haben. Auf Erden hätten wir – bei gottgewollter Ausnutzung möglichst aller sich bietenden Lern- und Reifungsgelegenheiten – eine bis zu 800-fach schnellere geistseelische Entwicklungsmöglichkeit als in einer jenseitigen Lern- bzw. Läuterungssphäre, wo stets ähnlich belastete Geistwesen beisammen sind und so weniger leicht aus untereinander ähnlichen ungünstigen Denkschienen herauskommen können. Auch dieser Punkt behagt Satan natürlich überhaupt nicht an diesem Erdenplaneten!

„Seelennahrung"

Es ist aber nicht nur die „Körpernahrung" aus Luft, Wasser und Nahrung, die wir Erdenmenschen brauchen, sondern vor allem die „Seelennahrung" in Form von geistseelischer Energie, die wir über unsere Geistseele (auch) unserem Erdenkörper zuführen. Denn unsere Lebenskräfte für unsere täglichen Lebensanforderungen, Lebenstätigkeiten und Lebenserfahrungen müssen von unserer Geistseele bereitgestellt werden! Was ist „Seelennahrung"? *Was ist geistig hochwertige Seelennahrung?* Dazu zählen z.B. das positive, gottgewollte Denken, der überzeugte Glaube an unseren Schöpfer, Gott wohlgefällige Gebete, jedes Arbeiten an unserer geistseelischen Entwicklung im Sinne von Untugenden-Abbau und Tugenden-Aufbau, das Suchen nach und Beschäftigen mit geistigen Wahrheiten und vor allem jedes kleinste Liebeswerk, jeder kleinste Liebesdienst, jede Form der selbstlos praktizierten Nächstenliebe.

Da wir durch unseren Abfall von Gott infolge unserer Übertretungen der göttlichen Gesetze und Liebesgebote eigentlich „krank" geworden sind – unsere Seele ist disharmonisch geworden! –, kann jeder Heilungsverlauf in den Gesetzen Gottes nur mit der Wiederherstellung der Harmonie in unserer Seele beginnen und über die Reifung unserer Seele erfolgen, und zwar auch dann, wenn sich ein selbst aufgeladenes Karma durch einen nicht-gottgewollten Seelenkräfteeinsatz aus einem Vorleben jetzt krankmachend auf unseren Erdenkörper ausgewirkt haben mag.

Wer hat Interesse daran, uns von unseren uns selbst vorgenommenen *Seelenreinigungs- und Seelenreifungsarbeiten abzuhalten*, uns darauf *vergessen zu lassen*, uns davon *abzulenken?* Weg von der Verinnerlichung – hin zum äußeren Verstandesdenken? Weg vom Kümmern um unsere unsterbliche Seele mit entsprechendem Ewigkeitswert (und gesundheitsfördernden Heilwirkungen auch auf unseren Körper) – hin zum fast ausschließlich verstandesmäßigen Beschäftigen mit Körperkrankheitssymptomen und den irdischen Bekämpfungsmöglichkeiten, ohne nach den ursächlichen geistseelischen Wurzeln zu forschen?

Wer will uns das Wissen um die wahren Ursachen unserer Krankheiten vorenthalten? Wer will uns *am Erkennen-Können von geistseelischen Heilungshindernissen* – nämlich unseren Verfehlungen, Belastungen, Bindungen, Untugenden, Charakterschwächen usw. – *hindern?* Wer will uns *abhalten von unserer ureigensten Aufgabe der Arbeit an uns selbst* zur Erfüllung unseres selbstgewählten Inkarnationsplanes als zwar kleinem, aber sehr wichtigem Schritt auf unserem geistigen Aufstiegs- und Rückweg in unsere geistige Heimat?

Geistwissen macht Mut

Das Wissen um die Existenz des Gegensatzes und seiner Strategien soll dir, lieber Leser, aber nicht Angst machen! Das wäre nämlich genau die falsche, weil negative Reaktion und würde nur deine Aura öffnen und deine Lebenskräfte abfließen lassen. Ganz im Gegenteil! Mögen die Mächte der Finsternis auch eine gewisse, aber beschränkte Macht haben – die Mächte des Lichtes haben mehr Macht, viel mehr Macht, denn hinter ihnen steht Christus, der von Gott gesalbte König! Und Gott hat die Allmacht! Dieses Wissen – dass deine aufrichtige und innige Bitte an den Schöpfer um seine Hilfe nach seinem Willen immer zu deinem gottgewollt Besten erfüllt wird, und dass in jeder geistigen Prüfung die Liebe Gottes, die Gerechtigkeit Gottes und die Barmherzigkeit Gottes mitschwingen – kann dich doch nur deine Hand wie ein Kind deinem himmlischen Vater entgegenstrecken und dich voller Gottvertrauen von ihm durch die Prüfungen führen lassen!

Im Übrigen geziemt es sich deshalb auch nicht, unseren Schöpfer zu bitten, „… und führe uns nicht in Versuchung …“, was er ohnehin nie täte. *Hat etwa auch hier im Zuge der Überlieferung des Vaterunser-Gebetes der Wahrheiten-Verdreher-Fehlerteufel zugeschlagen?* Soll es doch nach dem geistigen Wahrheitssinn heißen: „… und sei Du, Vater, unser Führer in den Versuchungen …“!

Und wie dir, lieber Leser, aus diesem Geistwissen bei gottgewollter Anwendung und Umsetzung in deinem Erdenleben Kraft und Hilfe erwachsen für deine geistseelische Entwicklung, für das Erfüllen deines Inkarnationsplanes und das Durchhalten in den geistigen Prüfungen – dazu findest du in Ergänzung, Erweiterung und Vertiefung der bisherigen Erläuterungen weitere Anregungen im nächsten Kapitel.

Praktische Ratschläge für die Reifung deiner Seele

Wenn nun dein ehrlicher Wunsch geweckt ist, lieber Leser, an der Reifung deiner Seele wirklich zu arbeiten, dich die feste Entschlossenheit dazu so richtig erfasst hat, dann mögen dir die folgenden vielfach erprobten, bewährten und gelebten geistigen Ratschläge helfen, 1.) bereits angeführte Empfehlungen noch einmal in deine Erinnerung zu heben, 2.) dich mit ergänzenden Anregungen zum vertiefenden Nachdenken über dich selbst zu motivieren und 3.) dich beim erdenlebenspraktischen Umsetzen des dir Bewusst-Gewordenen zu unterstützen. *Was kann dir also für deine „Lebensaufgabe Seelenreifung" hilfreich sein?*

- Deine stetig wachsende Bewusstheit: „Ich bin ein Kind Gottes ganz unzerstörbarer Natur!"

- Deine Gesinnungsänderung zum Gottgewollten in allen Lebensbereichen.

- Dein starker, vertrauensvoller, überzeugter Glaube an Gott gewährt dir stets Schutz und Hilfe in allen Lebenssituationen, und deine Hingabe an ihn in wahrer Gottergebenheit hält dich in seinem Willen fest und geborgen.

- Gott wohlgefällige Gebete verhelfen immer zu Erkenntnissen, Lösungen und Hilfen im Willen Gottes. Dein kurzes bewusstes Erheben im Gebet um Hilfe vor allem irdischen Tun unterstützt dich zu dessen gottgewolltem Gelingen.

- Dein wachsames Bemühen, alle an dich herantretenden Gedanken, Gefühle, Seelenregungen, Willensimpulse, Sinnesempfindungen usw. mit der Vernunft zu prüfen im Hinblick auf deren gottgewollte oder nicht-gottgewollte Folgewirkungen – sei gefolgt von deinem entschlossenen Willenseinsatz zum dementsprechenden Annehmen oder Zurückweisen alles Registrierten.

- Immer wieder Gedankenkontrolle üben – ob deine Gedanken der Förderung deiner oder deiner Mitmenschen geistseelischen Entwicklung, Seelenharmonie oder Körpergesundheit dienen oder zur Verbreitung der Nächstenliebe beitragen.

- Verweile oftmals im Tagesablauf mit deinen bewussten Gedanken bei Gott!

- Deine gewissenhafte Seelenforschung führt dich zum Erkennen und Erfassen vorhandener ungünstiger Seelenprägungen, Seelenbelastungen und Seelenschwächen.

- Weg von der Lasterseele, hin zur Tugendseele – über den sukzessiven Abbau erkannter Untugenden, gefolgt von der Erarbeitung der korrespondierenden Tugenden.

- Schlechte Gewohnheiten „aushungern" und durch gute Gewohnheiten ersetzen.

- Mit deinen Talenten, Begabungen und Fähigkeiten „wuchern" im Sinne von dienen, helfen und Gutes wirken.

- Mit deiner Orientierung am Erdenleben Jesu Christi und dem Befolgen seiner Liebeslehre wirst du zu seinem treuen Nachfolger.

- Wenn du dein Augenmerk nicht auf die Fehler und Schwächen der anderen richtest, sondern auf ihren Gottesurlichtfunken, wirst du in ihnen dir ebenbürtige Kinder Gottes sehen, deine geistigen Geschwister.

- Unvoreingenommenheit, Vorurteilslosigkeit und Toleranz; Toleranz gegenüber anderen, ihrem Anderssein, Andersdenken und Anderstun – nicht jedoch gegenüber Unwahrheiten und satanischen Suggestionen.

- Nicht beurteilen, nicht verurteilen, nicht kritisieren, weder in Worten noch in Gedanken.

- Bevor du deinen himmlischen Vater um Vergebung für deine Verfehlungen bittest, geziemt es dir, selbst erlittene Ungerechtigkeiten und Demütigungen freimütig und freiwillig, restlos und selbstlos zu verzeihen und – zu vergessen.

- Getanes Unrecht wiedergutmachen, und zwar so bald wie möglich.

- Weg vom Egoismus, weg vom Ich, hin zum Du, zum Wohle aller.

- Die Demut ist auch deine erste Sprosse auf der Himmelsleiter, die Grundlage aller Tugenden, und sie gibt dir die Kraft zum Dienen.

- Selbstloses und freiwilliges Dienen – ohne Dank, Anerkennung oder Lohn zu erwarten – mag oft schwerfallen, schafft jedoch einen gewissen Schutz vor Hochmut und damit vor neuerlichem Fall.

- Denke an die Geduld, die der Schöpfer mit dir und deinen Fehlern hat, und verfahre ebenso mit deinen Mitmenschen und deren Fehlern!

- Deine zunchmende Selbstlosigkeit, Bescheidenheit, Genügsamkeit, Bedürfnislosigkeit, Einfachheit usw. befreien dich nicht nur aus irdisch-materiellen Abhängigkeiten und den darin wurzelnden Angriffsmöglichkeiten für den Gegensatz, sondern schaffen dir wertvolle Freiräume für dein Wirken zu deinem geistigen Aufstieg und für das Allgemeinwohl der Menschen.

- Freiwilliges Verzichten auf irdische Annehmlichkeiten – um anderen zu helfen oder eine Freude zu machen – bringt geistigen Gewinn und den Segen von oben.

- Bei allen Disharmonien, Missstimmungen, Spannungen, Uneinigkeiten, Zwistigkeiten, Streitereien, Konflikten usw. kannst du mit einem kurzen Innehalten und Konzentrieren auf deinen Gottesurlichtfunken und das Christuslicht und der innigen Bitte um Kraft und Hilfe zur Ausstrahlung und Verbreitung von Harmonie und Frieden beitragen.

- Dein innerer Seelenfriede in dir und deine bewussten Friedensgedanken und Friedensgebete können mithelfen zum Bewahren bzw. Wiederherstellen des Friedens in deinem Umfeld und zum Wohle für die ganze Erdenmenschheit.

- Deine bewusste Einkehr in die Stille lässt äußere Reizüberflutungen abebben, deine Seelenregungen zur Ruhe kommen und dich leichter das zarte „Säuseln" deines Schutzengels vernehmen.

- Die Aktivierung deines geistigen Mutes hilft dir zur Mobilisierung von Seelenenergie und Körperkraft, verhilft zu Ausdauer und Beharrlichkeit auf deinem geistigen Aufstiegsweg und zum Durchhalten in irdischen Nöten und geistigen Bedrängnissen.

- Gleichmut ist der Mut, in besonders wichtigen Lebensumständen ruhig, gelassen, ausgeglichen und stark zu bleiben, dich von der äußeren Welt nicht zermürben, nicht zermalmen und nicht aus deinem inneren Gleichgewicht bringen zu lassen.

- Mit welchen Schwierigkeiten, Hindernissen oder Widerstän den du auch konfrontiert sein mögest: Gib in deinem gottgewollten Streben nicht auf! Es sind die Dunkelmächte, die das wollen, dass du aufgibst. Sie wollen ja nicht, dass du geistig liebeslichtstärker wirst.

- Auf der Suche nach geistigen Wahrheiten und durch verinnerlichendes Nachdenken darüber erwirbst du dir ein stabiles Fundament an Geistwissen, aus dem dir geistseelische Energie für die Abwehr negativer Angriffe und das Bestehen in den geistigen Prüfungen erwächst.

- Wenn du tust, was Gott will – indem du deinen eigenen Willen freiwillig dem Willen des Schöpfers unterstellst –, tut Gott, was für dich am besten ist.

- Stärke deinen Willen für alles Gottgewollte, lass ihn stets von der vorgeschalteten Vernunft führen und setze ihn mit deiner ganzen Entschlusskraft unermüdlich für deine persönliche Vervollkommnung ein!

- Lebensoptimismus ist angezeigt, denn die geistig-göttlichen Kräfte, die du für dieses Erdenleben vom Schöpfer mitbekommen hast, sind immer um etwas stärker und mächtiger als deine in dieses Erdenleben mitgebrachten Belastungen und Bindungen.

- Gibt das nicht wahrlich Anlass zu Freude, Frohsinn und Zuversicht, dass du Kind Gottes dieses Erdenleben als irdische Etappe auf deinem Rückweg in deine lichte geistige Heimat antreten durftest und dabei von deinem lieben Schutzengel sicher geleitet und liebevoll begleitet wirst?

- Mit dem Ausdruck deiner Dankbarkeit bekundest du deine ganz besondere Glaubensüberzeugung, indem du dich mit jeder Bitte an Gott sogleich für deren Erfüllung bedankst, auch wenn du selbst die erhaltene Hilfestellung noch nicht feststellen kannst.

- Dankbarkeit gebührt unserem Schöpfer allerdings nicht nur im Zusammenhang mit deinen Bitten, sondern lässt sich auch ohne konkreten Anlass als inniges Dankgebet für alle seine Wohltaten an allen seinen Kindern zum Ausdruck bringen.

- Und über allem steht die Königin der Tugenden, in der alle anderen Tugenden verschmelzen, die größte Kraft und Macht im Universum – die Liebe!

Unser Schöpfer ist die pure Liebe, und alle seine Werke sind Werke der puren Liebe. Aus dieser Liebe hat er auch dich als sein ewig geliebtes Kind erschaffen. Du sollst ihm ähnlich, ähnlich vollkommen, ähnlich liebend werden. *Und wie kannst du das verwirklichen?* Indem du deine Liebe zum Schöpfer, zu allen seinen Geschöpfen und zu allem in seinem Auftrag Geschaffenen betätigst und somit wachsen lässt; indem du in deine Gedanken, Worte, Werke und Gebete deine Herzensliebe hineinlegst und ausschwingen lässt; indem du deinen Mitmenschen Güte, Milde, Barmherzigkeit, Sanftmut, Freundlichkeit, Gutmütigkeit, Herzlichkeit, Nachsicht, Toleranz, Friedfertigkeit, Versöhnungsbereitschaft usw. entgegenbringst; indem du ganz einfach liebst, und zwar freiwillig, selbstlos, bedingungslos, ohne nach Beweggründen zu suchen, ohne Vorbehalt, ohne Hintergedanken, ohne Wünsche oder Erwartungen daran zu knüpfen, ohne Forderungen zu erheben, ohne Gegenliebe zu erwarten; ohne jemanden von deiner Liebe auszuklammern, auszugrenzen, auszuschließen; – und das gilt nicht nur für alle deine Mitmenschen, sondern das gilt auch für jene Dunkelmächte, die dich versuchen, verführen, drangsalieren …!

Warum gilt das auch für diese Quälgeister? – Auch sie sind seine vom Schöpfer ewig geliebten Kinder, auch sie sind deine geistigen Geschwister! Auch wenn sie davon noch nichts wissen wollen. Auch wenn sie jetzt das Licht und die Liebe noch fliehen. Wenn du nun in Gedanken, Gefühlen, Worten oder Taten Liebe aus deinem inneren geistgöttlichen Liebeslicht ausschwingen lässt, wird deine Aura liebesenergiemächtiger. Eine liebeskraftgestärkte Aura wiederum bedeutet einen stärkeren Schutz und mehr Abwehrkraft gegenüber den Angriffen negativer Geistwesen, die ja dieses Liebeslicht noch fliehen. Außerdem wird jede Betätigung deiner Liebe von geistigen Mächten des Lichtes und der Liebe um ein Vielfaches verstärkt und letztendlich ein klein wenig dazu beitragen können, dass auch der eine oder andere Quälgeist aus den Reihen der Dunkelmächte seine Gesinnung zum Besseren, zum Gottgewollten ändern will, um freiwillig aus der geistigen Finsternis ins Licht zurückzukehren – was über einen mühsamen Aufstiegsweg des Sühnens, Läuterns und Wiedergutmachens erfolgen muss, so, wie bei allen von Gott Abgefallenen.

Wenn du also wissen willst, *wie du deine „Lebensaufgabe Seelenreifung" am besten beginnen könntest*, so sei dir dazu angeraten: Beginne von deiner jetzigen geistigen Bewusstseins-, Erkenntnis- und Entwicklungsstufe aus ganz einfach die geistige Liebe zu üben! Das ist der sicherste Weg zu deinem geistigen Ziel! Denn: Wer viel liebt, dem wird viel vergeben! Wer viel gibt, dem wird viel gegeben! Wer viel hilft, dem wird selbst geholfen – auch dir bei deiner Seelenreifung!

Zum Ausklang

Inständig gebeten hast du darum, dieses Erdenleben antreten zu dürfen, um dich von Bürden und Lasten zu befreien, die sich deinem weiteren geistigen Aufstieg in jenseitigen Lebensebenen unüberwindbar in den Weg gestellt haben. Voller Dankbarkeit warst du, endlich die Möglichkeit einer Erdeninkarnation in Aussicht gestellt bekommen zu haben, und fest entschlossen dazu, dieses Erdenleben zu deiner geistseelischen Entwicklung zu nützen. Eingeweiht worden bist du in deinen Inkarnationsplan und gut vorbereitet auf die von dir zu erfüllenden Lebensaufgaben, aufgeklärt über die Gefahren der Dunkelmächte und deren Verführungsstrategien, aber auch über so viele gottgewollte Hilfen zur geistig erfolgreichen Bewältigung aller Herausforderungen und Prüfungen. Und als geistigen Beistand, Führer und Begleiter hast du deinen lieben Schutzengel dir zur Seite gestellt versprochen bekommen. Es war ein fest entschlossenes, ganz freudiges „Ja!" zu alledem – dein Ja zu deinem Erdenleben und zu deiner Erfüllung deiner Lebensaufgaben!

Und jetzt? Jetzt, in diesem deinem so sehr ersehnten und endlich zur Wirklichkeit gewordenen Erdenleben? *Jetzt haderst und klagst du? Jetzt zweifelst du und zögerst und zauderst?* Sei doch jetzt nicht zaghaft! Fasse Mut, dein gegebenes Ja auch zur Tat werden zu lassen! Es ist nur deine eigene Saat, die dir jetzt begegnet! Wenn Unkraut daraus gewachsen ist, dann reiß es aus! Die guten Pflänzchen aber hege und pflege! Und wenn sich der Staub aus den Kratzern und Ritzen deiner Seele nicht wegblasen lässt, dann nimm den Pinsel und wisch ihn weg! Ist der Haarpinsel zu fein, dann bedarf es eben eines Borstenpinsels. Und wenn der Schmutz in den tieferen Kerben deiner Seele schon so verkrustet ist, dass er sich mit Wasser allein nicht lösen lässt, dann nimm die Seife dazu und die Bürste, auch die mit den groben Borsten, und dann schrubbe kräftig! Und wenn du die Seelenkerben gesäubert hast, dann arbeite weiter und merze auch die Seelenkerben selbst aus! Vergiss dabei aber nicht, stets um Kraft und Hilfe von oben zu bitten! Und auch nicht darauf, dass auch du den anderen bei ihrem Seelenputz hilfst! Du weißt ja schon: Wer viel hilft, dem wird selbst geholfen!

Das mehr oder weniger gute Bestehen oder womöglich Nichtbestehen deiner „Lebensaufgabe Seelenreifung" hängt also nicht von irgendwelchen äußeren günstigen oder ungünstigen Faktoren oder Umständen ab, nicht von einem vermeintlich besseren oder schlechteren Los in der „Schicksals-Lotterie", sondern es ist dein Verdienst durch deine Arbeit an dir und deiner Seele – oder dein Versäumnis!

Zu einem wahren (weil geistseelischen!) Erfolg wird dein Erdenleben nämlich nicht durch ein Erlangen, Haben, Festhalten oder Vermehren von irdisch-materiellen Werten, sondern einzig und allein durch dein unermüdliches, unaufhaltsames geistiges Wachstum. Und das wünschen dir, lieber Leser, aus ganzem Geistherzen alle geistigen und irdischen Helfer, die am Zustandekommen dieses Werkes mitgearbeitet haben!

STICHWORT-REGISTER

Christuslicht 78, 142

D

Das Goldene Kalb, *siehe: Kalb*
Demut 14, 35, 56, 141, *siehe auch: Tugenden*
Depressionen 51, 122
Der innere Heiler, *siehe: Heiler*
Dienen (Dienst) 55, 62, 70 f., 104, 107 ff., 136, 140, 141
Dimensionen 13 ff., 17-22, 25, 49, 51 f., 55, 59 ff., 67, 72, 83, 124 f., 133
Disharmonien, seelische 46, 48, 65 f., 69, 88, 92, 94, 134, 136, 142
Drogen 120
Dual(paar) 78
Dunkelmächte 96, 97, 102, 110, 120, 143, 145, 147, *siehe auch: Geistwesen, negative*

E

Ebenbild Gottes 79, 91
Egoismus 31, 107, 117, 141, *siehe auch: Untugenden*
Ego-Wille, *siehe: Wille*
Ehrenamtlich 107
Eifersucht 31, 107, 117, 130, *siehe auch: Untugenden*
Eingebungen 71, *siehe auch: Inspirationen, Suggestionen*
Eltern 30, 31, 49, 82, 128
Emotionen, *siehe: Gefühle*
Energetisch 121, *siehe auch: esoterisch*
Energie, (geist)seelische 60, 71, 77, 87, 88, 115, 121, 133, 136, 143, *siehe auch: Lebenskraft*, Seelenenergie
Energiearm 71, 87, 88, 92, 96
Energiereich 71, 88, 92, 97, 100, 115, 120
Energiezentrum, *siehe: Chakra*
Entscheidung(sfreiheit) 26, 93, 104

Entschuldigung 54, 69
Entwickelt, hoch (nieder) 36, 70, 88, 98, 112, 129, 135
Entwicklung, geistseelische 24, 35, 38, 41, 71, 79, 95, 102, 115, 118, 136
Erdenlebensplan, *siehe: Inkarnationsplan*
Erdenplanet 17, 23, 86, 92, 97, 108, 126, 132 ff., 135 f.
Erkenntnis(kraft) 13, 17, 20, 58, 70, 80, 100, 139, 146
Esoterisch 121
Euthanasie 60, 128 f.
Evangelien 110, *siehe auch: Bibel*
Exorzist 122
Experten 17, 62
Extremsport 132, *siehe auch: Sport*

F

Fanatismus 117, 130, *siehe auch: Untugenden*
Fehler, *siehe: Verfehlungen*
Finanzwesen 106 f.
Fluidal 80, 86
Folgewirkungen 14, 18, 20, 23, 106, 123, 129, 134, 140
Förderungsmaßnahmen 30
Forschung (Forscher) 13 f., 19, 21, 48, *siehe auch: Seelenforschung*
Fortschritt, geistiger 98, 99, 102, 119, 126
Frei(heit) 15, 22, 23, 81, 95, 98, 111, 116
Freiwillig(keit) 22 ff., 26, 34, 36, 58, 61, 68, 70, 91, 96, 101, 107 f., 112, 114, 116
Freude 15, 30, 32, 33, 71, 83, 142, 144
Frieden 53, 54, 100, 131, 142
Friedfertigkeit 31, 35, 145
Frohsinn (Fröhlichkeit) 32, 144
Furcht, *siehe: Angst*

G

Gebete 54, 56, 62, 68 f., 98, 107, 125, 131, 135, 139
  Dankgebete 144
  Friedensgebete 142
  Vaterunser 138
Gebrechen 37, 84
Gedanken(kontrolle) 51, 65, 66, 87, 98, 100, 105, 130, 135, 139, 140, 141, 142, 145
Geduld 35, 55, 56, 142, *siehe auch: Tugenden*
Gefühle 51, 54, 65, 66, 87, 100, 113, 118, 119, 120, 139, 145
Gegensatz 101, 103, 115, 120, 124, 137, 142, *siehe auch: Geistwesen, negative*
Gehirn 13, 15, 37, 52, 84, 93
Gehorsam 25, 31, 35, 81, 93, *siehe auch: Tugenden*
Geist 77, 78, 85
Geistärzte 69
Geisteskraft des Lebens 119 f.
Geistpsychologie, *siehe: Psychologie*
Geistseele 15, 37, 39 f., 45 f., 59, 78, 82, 84-88, 92, 108, 112, 120, 127, 132, 133 f., 136
Geistwesen 23 f., 34, 37, 49, 69, 70, 77 ff., 81 ff., 91, 97, 113, 119, 126 ff., 132, 135 f.
  negative 39 f., 60, 79, 91, 101 f., 115 f., 120 f., 130, 145
  unwissende (Arme Seelen) 120
Geistwissen(schaft) 17, 40, 52, 55, 63, 70, 84, 103, 104, 119, 124, 130, 137 f., 143
Geiz 31, 107, 117, *siehe auch: Untugenden*
Geld(gier, -sucht, -wahn) 104 ff., 108
Gene 48, 102
Gentechnik 48
Genügsamkeit 142, *siehe auch: Tugenden*

Genussmittel 38, 54, 85, 107, 120
Gerecht(igkeit) 68, 91, 98, 99, 101, 125, 138
Gesamtexistenz 52, 67, 92, 128
Geschlechtskraft 119 f., 126
Geschöpf 23, 26, 58, 67, 78, 92, 96, 126, 144
Gesetze
  geistig-göttliche 14, 18, 20-25, 48, 87, 105, 111, 136
  Ähnlichkeitsgesetz 49
  Gesetz von Ursache und Wirkung 110
  Karmagesetz 110 f.
  Liebesgesetze 23 f., 67, 79 f., 116
  Ordnungsgesetze 67
  Reinkarnationsgesetz 110 f.
  Solidaritätsgesetz 70 f., 91
  irdische 105, 123, 128
  Moralgesetze 123
  Naturgesetze 20 f., 48
Gesinnung(sänderung) 19, 64, 66, 69, 80, 84, 93, 101, 102, 123, 124 f., 139, 145
Gesundheit(ssystem) 29, 30, 43, 88, 103, 119, 137, 140
Gewalt(taten), *siehe: Verbrechen*
Gewissen 37, 53, 122, 128
Gewohnheiten 18, 31, 45, 66, 140
Glauben(süberzeugung) 23, 35, 70, 125, 136, 139
Gleichmut 143, *siehe auch: Tugenden*
Glücksgefühle 29, 108, 118
Glücksspiel 107
Gott 24, 26, 55, 59, 69, 77 ff., 81 f., 88, 92, 102, 104, 112, 114, 137, 139
Gottesurlichtfunke 48, 78 f., 85, 88, 92, 96, *siehe auch: Geist*
Gottferne 23, 25, 26, 58, 80, 116
Gottgewollt(es) 25, 26, 35, 47, 60, 62, 64, 66, 69, 71, 80, 101, 108, 136, 138, 139, 143
Gottvertrauen 56, 138
Götzen(dienst) 104, 108

Sucht (süchtig) 99 ff., 107, 120
Suchtmittel 85, 120
Suggestionen 15, 26, 33, 60, 110, 129, 134, 141
Sühnen, *siehe: Abtragen*
Sünden 112, *siehe auch: Verfehlungen*
Sympathisanten 91, 96, 98, 131

T

Tabu(los) 14, 119, 120, 123
Tagesbewusstsein 93, *siehe auch: Bewusstsein, irdisches*
Talente 30, 135, 140
Tarnung 15, 25
Täter 130 f.
Tätowierung 34
Tattoo 34
Täuschung 15, 23, 25, 79, 81, 96
Terror 130 f.
Therapie(versager) 31 f., 43, 44, 49, 62
Tischerlrücken 122
Tod, *siehe: Körpertod*
Todesstrafe 128 f.
Toleranz 100, 141, 145
Transplantation 45 f.
Träume 72
Treu(e) 59, 81, 93, 140, *siehe auch: Tugenden*
Triebhaftigkeiten 117, 118 f.
Tugenden 35, 99, 118, 135, 144
Tugendseele 35, 81 f., 121, 140

U

Überempfindlichkeit 31, 65, 117, *siehe auch: Untugenden*
Übersetzung(sfehler) 110-113
Umsessenheit, *siehe: Besessenheit*
Ungeduld 31, 65, 70, 117, *siehe auch: Untugenden*
Unrecht 141
Untugenden 40, 66, 87, 95 f., 98, 101, 107, 117, 137, 140

Unversöhnlichkeit 51, 65, 117, *siehe auch: Untugenden*
Unvoreingenommenheit 18, 141
Unwissenheit 46, 121
Unzurechnungsfähigkeit 130
Urteilen 65, 99 f., 131, 141

V

Vaterunser-Gebet 138, *siehe auch: Gebete*
Verantwortung 14, 20, 25 f., 46, 57, 58, 60, 94, 127, 135
Verbitterung 51, 57, 65
Verbrechen 105, 130 f.
Verfehlungen 14, 24, 58, 61, 80 ff., 91 ff., 115, 137, 141
Verführungen, *siehe: Versuchungen*
Vergeben 59, 65, 131, 141, 146
Vergeltung 130
Vergnügen 54, 118 ff.
Verheimlichung 23, 25, 114
Verhütung(smethoden) 126 f.
Verinnerlichung 26, 33, 45, 63, 95, 103, 122, 137, 143
Vernunft 23, 77, 140, 143
Vernunftdenken 13 ff., 39 f., 52, 55, 80, 122
Vernunftprüfung 39, 140
Versäumnis 47, 51, 58, 61, 71, 148
Versöhnung 31, 45, 53, 54, 69, 131, 145
Verstand 13, 50
Verstandesdenken 13 ff., 18, 30, 32, 48, 52, 60, 93, 124 f., 137
Versuchergeistwesen, *siehe: Geistwesen, negative*
Versuchungen 35, 79, 97, 101, 112, 138, 145
Vertrauen 56, 59, 68, 70, 116, 139, *siehe auch: Gottvertrauen*
Verurteilen, *siehe: urteilen*
Vervollkommnung, persönliche, *siehe: Vollkommenheit*

In der Reihe LEBENSDIMENSIONEN bisher
erschienen:

Vera C. Lux

Ich lebe ewig! Und du?

Band 1

Paperback
112 Seiten
ISBN-13:
9783748194125
Verlag:
Books on Demand
www.bod.de

Ein Gedankenexperiment lädt dazu ein, sich mit begrenzenden Denkmustern auseinanderzusetzen, eingefahrene Verstandesschienen zu verlassen und sich unvoreingenommen, vorurteilsfrei hinaufzuschwingen in neue, in höhere Dimensionen …

Die damit verbundene Bewusstseinserweiterung lässt geistige Gesetzeswirkungen verstehen, erstaunlich einfache Antworten auf offene Lebensfragen finden und verhilft zu einer geistig zielführenden Gestaltung des Erdenlebens.